**Reiseführer**

W0068460

Brandenburg

von Bärbel Rechenbach

 ADAC Top Tipps

Das müssen Sie gesehen haben!
Die zehn Top Tipps bringen Sie
zu den absoluten Highlights.

 ADAC Empfehlungen

Unterwegs gut beraten: Diese
25 ausgesuchten Empfehlungen
machen Ihren Urlaub perfekt.

Preise für ein DZ mit Frühstück:
€ | bis 100 €
€€ | bis 150 €
€€€ | ab 150 €

Preise für ein Hauptgericht:
€ | bis 10 €
€€ | bis 15 €
€€€ | ab 15 €

■ Intro

Impressionen 4

Auf einen Blick 9

■ ADAC Quickfinder

Das will ich erleben 10

*Hier finden Sie die Orte, Sehens-
würdigkeiten und Attraktionen,
die perfekt zu Ihnen passen.*

■ Unterwegs

**Landeshauptstadt Potsdam und
Westhavelland** 16

1 **Potsdam** 🍃 18

2 **Werder** 33

3 **Brandenburg/
Havel** 🍃 34

4 **Rathenow** 38

5 **Ketzin** 40

6 **Nauen** 40

Übernachten 42

**Prignitz und
Ruppiner Seenland** 44

7 **Perleberg** 46

8 **Bad Wilsnack** 48

9 **Wittstock/Dosse** 49

10 **Rheinsberg** 52

11 **Gransee** 54

12 **Lindow** 55

13 **Neuruppin** 🍃 56

14 **Neustadt/Dosse** 60

15 **Schloss Oranienburg** 62

16 **Kremmen** 63

Übernachten 64

**Uckermark, Barnim und
Märkisch-Oderland** 66

17 **Prenzlau** 68

18 **Templin** 69

19 **Nationalpark
Unteres Odertal** 71

20 **Angermünde** 71

21 **Schorfheide** 72

22 **Eberswalde** 75

23 **Bernau** 77

24 **Bad Freienwalde** 78

25 **Oderbruch und
Lebuser Land** 79

26 **Strausberg** 80

27 **Märkische Schweiz** 81

Übernachten 82

**Oder-Spree- und Dahme-
Seenland** 84

28 **Erkner** 86

29 **Königs Wusterhausen** 87

30 **Storkow** 89

31 **Bad Saarow** 90

32 **Fürstenwalde** 91

33 **Frankfurt/Oder** 🍃 92

34 **Beeskow** 96

35 Eisenhüttenstadt 96
36 Schlaubetal 97
37 Kloster Neuzelle 97
Übernachten 98

**Lausitzer Seenland, Elbe-
Elster-Land, Spreewald** 100
38 Cottbus 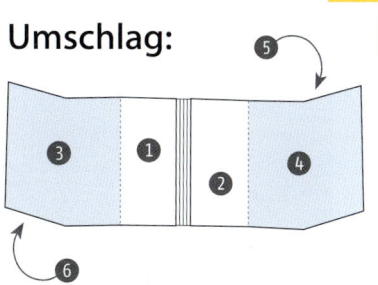 102
39 Peitz 106
40 Guben 107
41 Forst 109
42 Spremberg 110
43 Senftenberg 110
44 Großräschen 111
45 Bad Liebenwerda 112
**46 Schloss Doberlug–
Kirchhain** 113
47 Finsterwalde 113
48 Spreewald 114
49 Tropical Islands 115
Übernachten 116

**Die Kulturlandschaft
Fläming** 118
50 Dahme 120
51 Kloster Zinna 121
52 Bad Belzig 121
53 Burg Ziesar 122
54 Beelitz 123
55 Teltow 123
Übernachten 124

■ **Service**

Brandenburg von A–Z 126

*Alle wichtigen reisepraktischen
Informationen – von der Anreise
über Notrufnummern bis hin zu
den Zollbestimmungen.*

Festivals und Events 129
Chronik 136
Alle Blickpunkt-Themen
in diesem Band 138
Register 138
Bildnachweis 141
Impressum 142
Mobil vor Ort 144

Umschlag:

ADAC Top Tipps: Vordere
Umschlagklappe, innen ❶

ADAC Empfehlungen: Hintere
Umschlagklappe, innen ❷

**Übersichtskarte Brandenburg
Norden:** Vordere Umschlagklappe,
innen ❸
**Übersichtskarte Brandenburg
Süden:** Hintere Umschlagklappe,
innen ❹
Stadtplan Potsdam: Hintere
Umschlagklappe, außen ❺
Ein Tag in Potsdam: Vordere
Umschlagklappe, außen ❻

 *Zu diesen Orten und Sehens-
würdigkeiten finden Sie Detailkarten
im Innenteil des Reiseführers.*

Preußische Schlösser und neues Lausitzer Seenland

Ob Historie, Kultur, Abenteuer oder Sport – in der Mark Brandenburg wird jeder Urlauber garantiert fündig

Dom St. Peter und Paul in Brandenburg an der Havel, der Wiege der Mark

Alles begann mit Brannenborg und dem Askanier Albrecht dem Bären. 1157 hisste er auf den Fundamenten einer vormals slawischen Burg sein Banner. Genau dort, wo ab dem Jahr 1165 auf der Havelinsel der Dom stand. Die Stelle gilt als Wiege der Mark. Zu diesem Ort mit dem erhabenen roten Backsteinbau zieht es heute jährlich Millionen von Touristen aus der ganzen Welt. Zu Fuß, per Rad, Auto, Bus und Bahn oder per Boot. Meist verbinden sie den Inseltrip mit dem Besuch der wunderschönen Altstadt. Immerhin hat Brandenburg nicht nur einen, sondern drei historische Stadtkerne, die allesamt sehenswert sind. Wer dann noch Kraft hat, kann in einem der gemütlichen Hafenrestaurants frischen Havelzander probieren oder einfach nur am Ufer die Seele baumeln lassen.

Preußisch, platt und slawisch

Der Brandenburger ist typisch preußisch, romantisch, emotionsgeladen, spricht eine Mischung aus Platt, Niederdeutsch oder Sorbisch, ist eher wortkarg, aber herzlich. Prächtige Schlösser inmitten herrlicher Landschaftsgärten und Parks, wildromantische Natur, großartige Künstler und

schreibung wie kein anderer charakterisierte. Oder Karl Friedrich Schinkel, der geniale klassizistische Bauwerke auf dem märkischen Sand errichtete. Die großzügigen Parkanlagen und Gärten Joseph Lennés und des Fürsten Heinrich von Pückler machen aus dem Land Brandenburg ein visionäres Park- und Gartenparadies zu allen Jahreszeiten.

Brandenburg vereint viele Mentalitäten. Ist der Westen mit seiner Landeshauptstadt etwas vornehmer, so sind die Prignitzer eher bodenständig, die Menschen im Osten urtümlicher und die im Süden traditioneller und etwas

An Seen und Flüssen können Vogelliebhaber Reiher beobachten (unten) – Frauen in sorbischer Tracht (ganz unten)

traditionelles Handwerk, politischer Zeitgeist und Rebellen, deutsche und sorbische Gastfreundschaft – das alles ist Brandenburg, welches der Musikkabarettist Reinhard Grebe in einem Lied auf seine spöttische Art in einer neuen Landeshymne beschrieb.

Noch viel besser und realistischer allerdings gelang das Theodor Fontane seinerzeit, der die Mark bewanderte und sie in einer wunderbaren Reisebe-

Schloss Sanssouci in der Landeshauptstadt Potsdam (oben) – Schermützelsee in Buckow (Mitte) – Theodor-Fontane-Denkmal in Neuruppin (unten)

Lausitz wie das Zampern, bei dem der Winter vertrieben werden soll. Alles Sehenswerte lässt sich auf neuen Autobahnen und auf modernen Bundesstraßen erreichen oder zu Fuß, per Rad oder per Kanu auf Havel, Oder und Spree, die über unzählige Kanäle und Schleusen miteinander verbunden sind. Auch über ein Schiffshebewerk in Niederfinow beispielsweise. Das alte Schiffshebewerk ist ein geschütztes Industriedenkmal, das neue daneben ein modernes Großprojekt.

Wunderschöne Landschaft

Brandenburg kann man in alle vier Himmelsrichtungen rund um Berlin lieben lernen. Über 50 Radtouren führen durchs Land und darüber hinaus, entlang der Schlösser, Burgen, Dome, Wiekhäuser, Flüsse, Seen und Wälder.

temperamentvoller. In die brandenburgische Hochburg des Karnevals – Cottbus – kommen Gäste von überall. Auch zu den sorbischen Festen in der

Zwischenstopps bieten sich an in urigen Kneipen, Kulturhöfen, feineren Restaurants in restaurierten Gutshöfen oder an barocken Backsteinwundern wie den Klöstern Neuzelle, Lehnin, Zinna, Fürstenwalde oder Chorin. Die »Teufelstour« um den Großen Storkower, Großen Schauener und Schaplowsee reizt genauso wie der Europaweg, der sich auch durch den Fläming bis nach Küstrin an die Grenze zu Polen zieht.

Potsdam – das Juwel

Neben Natur pur hat Brandenburg unzählige Kunstschätze zu bieten. Ein Tag in Potsdam reicht nicht aus, um all die Schlösser, Parks und Kunstsammlungen zu sehen, wie die im frisch sanierten Neuen Palais oder die im neuen Museum Barberini beispielsweise, die SAP-Gründer Hasso Plattner als Hommage der Stadt spendierte. Man

wünschte sich, der Tag hätte mehr als 24 Stunden.

Auch ein Besuch von Schloss Sanssouci ist für alle Potsdam-Besucher ein absolutes Muss, ob aus dem fernen Japan oder dem nahen Berlin. Die ewige preußische Residenz mit seinen fantastischen Bauwerken, Ausstattungen, Belvedere und Parks steht Versailles in nichts nach. Ebenso zieht es Besucher ins Holländische Viertel, in die russische Kolonie Alexandrowka oder in die außergewöhnliche Heilandskirche am Sacrow Port. Ein Tag, ein Wochenende oder ein langer Urlaub – von Potsdam bekommt man nie genug. Hinzu kommen ständig neue Ein- und Ausblicke, weil marodes Altes wieder hergerichtet wird wie der Flatowturm im Park Babelsberg mit seinem Panoramablick von hoch oben auf Potsdam-Babelsberg, die historische und moderne Medienstadt am

Eines von drei erhaltenen Stadttoren in Potsdam ist das Brandenburger Tor

Tiefen See und Griebnitzsee. Hier sieht nicht nur alles filmreich aus, hier werden wie eh und je auch Filme in den

> *Ich bin die Mark durchzogen, und ich habe sie reicher gefunden, als ich zu hoffen gewagt hatte.*
>
> Theodor Fontane (1819–1898), Schriftsteller (aus »Wanderungen durch die Mark Brandenburg«

berühmten Studios gedreht. Wie, das kann Groß und Klein alles im Filmpark erleben, mit spannenden Abenteuern und viel Aktion.

Dabei kann es durchaus sein, dass einem tatsächlich ein Hollywoodstar über den Weg läuft, wenn auch inkognito. Damit ihre Gäste zufrieden sind, haben sich Potsdamer viele Übernachtungsmöglichkeiten ausgedacht – in und etwas außerhalb der Stadt, aber fast alles nahe Sanssouci. Potsdam ist nicht nur für Kulturfreaks Ziel der Begierde. Auch Wissenschaftler und solche, die es werden wollen, zieht es an die Forschungseinrichtungen der Stadt. Der Wissenschaftspark Potsdam-Golm ist auf jeden Fall für Wissenshungrige einen Abstecher wert.

Das gibt es nirgendwo sonst

Die Eiszeit hat Brandenburg grandiose Landschaften hinterlassen, die weltweit einzigartig sind, etwa das Oderbruch. Trockengelegt stellt das einstige unbewohnte Feuchtlandgebiet heute eine traumhafte Kulturlandschaft dar. Ebenso der Spreewald, das

Reiche Ernte – im Spreewald werden Kürbisse mit dem Kahn transportiert

außergewöhnliche Wasserlabyrinth, welches am besten mit dem typischen Spreewaldkahn zu bereisen ist. Mystisch und sagenreich, denn das gehört zur Kultur der Sorben, die hier seit über 700 Jahren leben und ihre eigene Sprache sprechen. Davon zeugt auch die Slawenburg Raddusch nahe Vetschau. Sie entstand als Nachbildung während der Internationalen Bauausstellung Fürst-Pückler-Land (2000–2010), die den Strukturwandel der Bergbau- zur Seenlandschaft in der Lausitz begleitete. Der wiederum schaffte neue Touristenattraktionen wie das Besucherbergwerk F60, die IBA-Terrassen am Ilse-Flutungssee Großräschen oder das Teichland in Peitz. Wer einmal in Brandenburg war, will immer wieder hin und – wenn man vor Ort ist – nicht mehr weg.

Landeshauptstadt: Potsdam

Fläche: 29 654,16 km², fünftgrößtes Bundesland Deutschlands

Einwohner: 2,5 Mio.

Minderheit: Sorben (> 1 %)

Landschaft: 3000 Seen, 32 000 km Fließgewässer (wasserreichstes Gebiet Europas), 1,1 Mio. ha Forst (waldreichstes Bundesland)

Tourismus: 4,8 Mio. Gäste, davon 422 000 Ausländer, Spitze: Spreewald

Religion 80 % bekenntnislos, sonst Christen, Juden, Muslime u. a. Gläubige

Berühmte Brandenburger:
Wilhelm v. Humboldt, 1767 in Potsdam, Gelehrter

Karl Friedrich Schinkel, 1781 in Neuruppin, Stadtplaner

Theodor Fontane, 1819 in Neuruppin, Schriftsteller

Erfindungen:
Vielschleifmaschine 1801, J. H. A. v. Duncker, Theologe, Rathenow

Darauf sind die Brandenburger besonders stolz:
die Olympionikin Birgit Fischer aus Brandenburg a. d. Havel

Das lieben alle Brandenburger:
Spreewälder Gurken

Das will ich erleben

Die Brandenburger Regionen rund um Berlin könnten nicht unterschiedlicher sein, auch was die Mentalität der Menschen angeht. Doch eins vereint sie alle – sie haben ein traumhaftes Natur- und Wasserparadies nahezu vor der Haustür. Dazwischen befinden sich prächtige Schlösser, Gutshöfe und Parks, stolze Burgen und mittelalterliche Innenstädte – allesamt Reiseziele vom Feinsten, die sich sowohl mit dem Pkw als auch mit Wassertaxi, Kanu, Hausboot, Ausflugsschiff, Fahrrad oder zu Fuß hervorragend erkunden lassen. In Brandenburg kann man viel Ruhe genießen, zum Beispiel in traditioneller Kaffeehausatmosphäre, im gemütlichen Schloss- und Parkrestaurant oder in urigen Fischerkneipen direkt am Wasser. Außerdem rücken romantische Feste, zünftige mittelalterliche Märkte oder spezielle sorbische Bräuche wie das Zampern das Leben der Vorfahren in die Gegenwart.

Schlösser und herrliche Parks

Brandenburgs 1000-jährige wechselvolle Herrschergeschichte spiegelt sich v.a. in Schlössern und ihren umgebenden Parks wider. Sanssouci in Potsdam, Schloss Rheinsberg oder Schloss Branitz bei Cottbus zeugen vom Prestigedenken einstiger Markgrafen, Könige und Fürsten.

1 Schloss Sanssouci, Potsdam 19
Sommerwohnsitz des Alten Fritz
10 Schloss Rheinsberg 52
Das romantische Schloss am See
38 Schloss Branitz, Cottbus 105
Das mit den Pyramiden im Park

Kluge Köpfe mit Erfindergeist

Brandenburg bietet saubere Luft und Natur. Das animierte einst schon den Adel nicht nur zum Bau schöner Schlösser wie in Ribbeck oder Doberlug-Kirchhain. Das brachte auch geniale Köpfe wie Humboldt oder Duncker dazu, die Region mit ihren Ideen zu beleben.

4 Optikpark, Rathenow 38
Die Linse veränderte die Welt
25 Oderbruch 79
Eine trockengelegte neue Kulturlandschaft
50 Baruther Glashütte 120
Hier wurde die Thermosflasche erfunden

Stadtbummel mit Lokalkolorit

Wer von all den Kulturstätten eine Pause braucht, sollte ruhig mal moderne Einkaufsmeilen wie in Potsdam aufsuchen oder die frischen Spezialitäten der regionalen Hofläden genießen. Sicher gelingt das auch bei einem guten Buch aus dem Neuruppiner Antiquariat.

1 **Brandenburger Straße, Potsdam** 28
Fast wie auf dem Broadway

13 **Ruppiner Lesezeichen, Neuruppin** 60
Buchantiquariat mit Genrevielfalt

17 **Q-Regio Hofladen, Prenzlau** 69
Von Käse bis Senf schmeckt hier alles

Meisterwerke und Kunstschätze

Wer Brandenburgs Kunstschätze sehen möchte, der sollte sich die Schlossremise in Paretz ansehen, das Schloss Ribbeck im neuen Glanz oder den Dom in Brandenburg. Sie zeugen von jahrtausendalter Kultur, die alle Zeiten überstanden hat und noch heute für jeden zu begutachten ist, wie auch die Klöster Neuzelle oder Chorin.

3 **Dom St. Peter und Paul, Brandenburg** 35
Hier stand das erste Banner von Albrecht dem Bären

5 **Schloss Paretz, bei Ketzin** 40
Wertvolle Tapeten und prächtige Kutschen

6 **Schloss Ribbeck** 41
Hier ist auch die Birne ein Schatz

Kulinarische Leckerbissen

Die Brandenburger lieben es einzukehren. Wild und Fisch frisch auf dem Tisch stehen an erster Stelle ihrer Begierde. Es zieht sie deshalb in die Buckower Fischerkehle oder auf das Restaurantschiff John Barnett in Potsdam. Im Klosterhof Heiligengrabe gibt es pure Idylle noch gratis dazu.

1 **Restaurantschiff John Barnett,**
Potsdam 27
Speisen auf dem Restaurantschiff

9 **Klosterhof, Heiligengrabe** 51
Leckere Speisen in friedvollem Ambiente

27 **Fischerkehle, Buckow** 81
Mit Blick auf den Schermützelsee

Biosphärenreservate und Landschaften

Brandenburg ist das wasserreichste Land in Europa und das waldreichste in Deutschland. Das macht Lust v.a. auf Rad- und Wandertouren. Die reizvolle Elbelandschaft der Prignitz lockt mit ihren Naturschauspielen wie dem Storchendorf Rühstädt. Die Auen im Unteren Odertal laden zu Beobachtungen ein und die Kanäle des Spreewalds zum Staunen.

7 Storchendorf Rühstädt 49
Mit 30 Paaren die größte Kolonie Mitteleuropas
19 Nationalpark Unteres Odertal 71
Einzigartiger deutscher Flussauen-Nationalpark
48 Spreewald 114
Durchs Wasserlabyrinth staken

Burgen und Ausblicke

Brandenburg hat viele Burgen und Aussichtstürme. Wer die besteigen und herrliche Blicke in die Landschaften genießen möchte, muss zur Burg Stolpe zum Grützpott oder zur Burg Rabenstein fahren oder den neuen Aussichtsturm Teichland nahe Peitz erklimmen.

20 »Grützpott«, Burg Stolpe 72
Schönster Ausblick auf Angermünde
39 Aussichtsturm, Erlebnispark Teichland 107
Weiter Einblick in den Spreewald
52 Burg Rabenstein 122
Granitturm auf dem Steilen Hagen

Bräuche und Feste

Brandenburg liebt das Mittelalter und Feste – im alten wie im neuen Gewand. Das ist zu erleben auf der Fastnacht in Cottbus, auf dem mittelalterlichen Markt Rolandspectaculum in Brandenburg und beim Zampern – Volksfeste, bei denen viele Gäste gern mitfeiern.

3 Rolandspectaculum, Brandenburg 38
Mittelalterliches Markttreiben vor dem Rathaus
38 Cottbuser Karneval 106
Größter Karnevalsumzug Ostdeutschlands
48 Zampern, Lübbenau 114
Mystisch und sagenhaft sorbisch

Entspannende Thermen

Brandenburg entspannt und lebt für die Gesundheit. Die Kristalltherme in Bad Wilsnack, die SteinTherme in Bad Belzig oder die Therme in Bad Saarow am Scharmützelsee sorgen für viel Spaß und Sport und Erholung, mit Freunden oder ganz in Familie.

8 **Kristalltherme, Bad Wilsnack** 48
Mit Gang durchs Gradierwerk

31 **Saarow Therme, Bad Saarow** 90
Heilende Quellen und pflegende Hände

52 **SteinTherme, Bad Belzig** 122
Hochprozentige Sole aus der Tiefe

Neuartiges und technische Denkmale

Brandenburg ist ein altes und junges Land gleichermaßen. Von seiner Technikgeschichte zeugen das Freilichtdorf Altranft in Bad Freienwalde und das Kunstmuseum im einstigen Dieselkraftwerk in Cottbus. Das Lausitzer Seenland hingegen ist eine junge Urlaubsregion. Das Highlight hier ist der Senftenberger See.

24 **Museum Altranft, Bad Freienwalde** 78
Das Oderbruch alt und neu

38 **Brandenburgisches Landesmuseum
für moderne Kunst, Cottbus** 104
Neue Kunst im alten Energiebauwerk

43 **Senftenberger See** 111
Erholungsparadies in alter Tagebaugrube

Großartiges Theater

Brandenburger lieben klassisches und rebellisches Theater seit eh und je. Das kann man im Schlosstheater Rheinsberg, im Theater am Rand nahe der polnischen Grenze oder im Staatstheater Cottbus erleben – allein, zu zweit, mit Freunden oder der ganzen Familie.

10 **Schlosstheater Rheinsberg** 52
Klassik wird hier zelebriert

25 **Theater am Rand, Oderaue** 80
Die Oderlandschaft ist hier Kulisse

38 **Staatstheater Cottbus** 106
Vier Sparten auf der Bühne

Unterwegs

Zahlreiche Bootstouren auf der Havel führen an der Altstadtinsel in Rathenow vorbei. Zu Fuß und mit dem Rad gelangen Besucher über die Kirchbergbrücke zur evangelischen St. Marienkirche

Landeshauptstadt Potsdam und Westhavelland

Barock trifft auf Naturwunder zwischen Flüssen, Seen und berühmten Birnbäumen

In diesem Kapitel:

1 Potsdam 18
2 Werder 33
3 Brandenburg/ Havel 34
4 Rathenow 38
5 Ketzin 40
6 Nauen 40
Übernachten 42

Als Schatzkästchen der Mark liegt die fast 1000-jährige Stadt Potsdam mitten in der paradiesischen Kultur- und Naturlandschaft des Havellandes. Preußische Schlösser, einzigartige Park- und Gartenanlagen schmücken Stadt und Region zwischen Falkensee und Rathenow. Mittendurch schlängelt sich die Havel, breiten sich unzählige Seen aus. Der Gollenberg bei Rhinow Stölln ist mit 110 m nicht nur der höchste Berg, sondern weist auch die höchste Denkmaldichte auf. Eins davon ist dem Flugpionier Otto Lilienthal gewidmet. Zum Havelland gehört der Herr von Ribbeck mit seinem berühmten Birnbaum genauso wie die Brille aus der Optikstadt Rathenow. Denn hier wurde erstmals industriell gefertigt. (Wasser-)Wanderer und Radfahrer fühlen sich im Havelland besonders wohl. Besonders seit der Landesgartenschau LAGA 2006 und der Bundesgartenschau BUGA 2015.

ADAC Top Tipps:

1 Schloss Sanssouci, Potsdam
| Schloss |
Das mit original erhaltenem Mobiliar aus dem 18. Jh. ausgestattete Schloss thront über einzigartigen Weinbergterrassen. 19

2 Palais Barberini
| Kunstmuseum |
Das Museum Barberini ist ein privat gestiftetes Kunstmuseum am Alten Markt Potsdam und zeigt Kunstwerke aus der ganzen Welt in einem wunderschönen Palais. 27

3 Brandenburg/Havel
| Stadtbild |
Brandenburg besitzt drei der 31 historischen Stadtkerne des Landes. Highlights sind das Altstädtische Rathaus und der Roland. Der Dom ist ein Wahrzeichen der Stadt. 34

ADAC Empfehlungen:

① Holländisches Viertel, Potsdam
| Architektur |
Zwischen und entlang 134 roten Holländerhäusern in vier Karrees sind viele Cafés, Kneipen und Kunstgewerbe- und Antiquitätengeschäfte. 25

② Schloss Cecilienhof, Potsdam
| Schloss |
Nach dem Zweiten Weltkrieg wurde hier die Teilung Deutschlands in vier Zonen beschlossen. 30

③ Filmpark Babelsberg
| Erlebnispark |
Über 20 filmspezifische Attraktionen, vier Shows, ein 4D- und XD-Kino, Originalkulissen und Ausstellungsbereiche zu Film und Filmhandwerk. 32

④ Flugplatz Stölln-Rhinow
| Denkmal |
Auf dem ältesten Flugplatz der Welt unternahm einst Flugpionier Otto

Lilienthal zahlreiche Flugversuche. Ein Denkmal erinnert an seinen Absturz mit einem Gleiter 1896. 39

⑤ Schloss Paretz, bei Ketzin
| Schloss |
In der Schlossremise zeigt eine Dauerausstellung prachtvolle historische Kutschen, Schlitten und Sänften. 40

1 Potsdam
Von Poztupimi zum UNESCO-Welterbe

![Stadtschloss Potsdam]

Im nahe der St. Nikolaikirche gelegenen Stadtschloss tagt heute das Parlament

 Information

■ Tourist-Info im Hbf., Bahnhofspassagen (neben Gleis 6), 14473 Potsdam, Tel. 03 31/ 27 55 88 99, www.potsdamtourismus.de, Mo–Sa 9.30–18 Uhr
■ Tourist-Info am Luisenplatz, Luisenplatz 3, 14471 Potsdam, Tel. s. o., April–Okt. Mo–Sa 9.30–18, So 10–16 Uhr
■ Tourist-Info am Alten Markt, Humboldtstr. 1–2, 14467 Potsdam, Tel. s. o., Mo–Sa 9.30–19, So 10–16 Uhr
■ Parken siehe S. 25, 27

Architektur, Kultur, Natur, eine fast 1000-jährige Geschichte sowie die Nähe zur Großstadt Berlin machen Potsdam zu einer der schönsten Städte Deutschlands. Schlösser und Gärten inmitten wunderschöner Havelseen, die historische Innenstadt und der filmreife Vorort Babelsberg bilden ein reizvolles Ensemble. Sehenswürdigkeit folgt hier auf Sehenswürdigkeit unterschiedlichster Couleur. Weltweit bekannt sind Schloss Sanssouci und Cecilienhof. Als Stadt der Wissenschaften verfügt Potsdam über mehr als 40 wissenschaftliche Einrichtungen.
Der einstige morastige Ort Poztupimi von 993 entwickelte sich über die Jahrhunderte zu einer modernen, anziehenden Landeshauptstadt mit 170 000 Einwohnern.

Plan
S. 22/23

sammlung errichten. 140 Gemälde des 16. bis 18. Jh. sind heute noch davon zu sehen, u.a. Caravaggios »Ungläubiger Thomas«, fünf Werke von Anton van Dyck sowie sieben Werke von Peter Paul Rubens, darunter der »Heilige Hieronymus«.

■ Im Park Sanssouci 4, www.spsg.de, Mai–Okt. Di–So 10–18 Uhr, 6 €, erm. 5 €

 Schloss Sanssouci
| Schloss |

 Märchenhaft schönes Bauwerk in der Landeshauptstadt

Das Sommerschloss des Preußenkönigs Friedrich des Großen (1712–1786) ist mit original erhaltenem Mobiliar des 18. Jh. ausgestattet und thront über einzigartigen Weinbergterrassen. Architekt Georg Wenzeslaus von Knobelsdorff (1699–1753) lieferte um 1745 die Idee dazu. Das Bauwerk und die 287 ha große Parkanlage sind seit 1990 UNESCO-Weltkulturerbe.

■ Maulbeerallee, www.potsdam-park-sanssouci.de, April–Okt. Di–So 10–18, Nov.–März Di–So 10–17 Uhr, Eintritt Schloss 12 €, erm. 8 €. Der Park ist eintrittsfrei. Die Schösser sind für Rollstuhlfahrer nicht oder nur schwer zugänglich.

Schlosspark Sanssouci

Auf Puschen durch die Schlösser und danach Flanieren im Park

Mit 70 km Wegen ist er der größte Park Brandenburgs, in dem wohl jeder Monarch seine Spuren hinterließ. Besonders attraktiv sind Marly- und Rosengarten sowie Charlottenhof.

 Sehenswert

1 Bildergalerie
| Sammlung |
Friedrich der Große ließ den ältesten erhaltenen Galeriebau Deutschlands 1755–1763/1764 eigens für seine Bilder-

ADAC *Mittendrin*

Jedes Jahr im August lockt die **Potsdamer Schlössernacht** mit Aktionen und Attraktionen zu einem Barock-Rausch.
Park Sanssouci, www.potsdamer-schloessernacht.de, 47 €, erm. 35 €, Tickets: www.reservix.de

Hinter den Neuen Kammern drehen sich die Flügel der Historischen Mühle

3 Historische Mühle
| Ausstellung |

Die ursprüngliche Holländische Bockwindmühle (1783) wurde im Zweiten Weltkrieg zerstört und 1993 durch eine neue ersetzt. Neben Mühlentechnik auf den oberen Böden gibt es auch Ausstellungen zur Geschichte der Historischen Mühle und anderen Themen rund um Mühlen. Von der Galerie aus hat man einen herrlichen Ausblick in den Park von Sanssouci.

■ Maulbeerallee 5, www.spsg.de, April– Okt. tgl. 10–18, Jan.–März, Nov. Sa, So 10– 16 Uhr, 3 €, erm. 1,50–2 €, unter 6 J. frei

4 Neue Kammern
| Architektur |

Das Gebäude der Neuen Kammern, zwischen 1771 und 1775 für Friedrich den Großen erbaut, bildet das Gegenstück zur östlich liegenden Bildergalerie. Glanzpunkte im einstigen königlichen Gästehaus (friderizianischer Rokoko) sind der Jaspissaal und das Grüne Lackkabinett.

■ Park Sanssouci, www.spsg.de, April– Okt. Di–So 10–18 Uhr, 6 €, erm. 5 €

5 Orangerieschloss
| Kunstsammlung |

Das größte Bauwerk im Park Sanssouci: Die 300 m lange Dreiflügelanlage, be-

ADAC *Spartipp*

Die **Welcome Card Berlin** für 21,90 € (48 Std.) gilt auch für alle Verkehrsmittel nach und in Potsdam, auch für die touristischen Linien: Charlottenhof-, Schlösser-, Krongut-, Tropen-, Cecilienhof-, Filmstadt-, Filmpark- und Kultur-Linie. Diese Straßenbahnen und Busse fahren im 20-Min.-Takt kreuz und quer durch die Stadt. *Informationen und Tickets unter www.berlin-welcomecard.de*

stehend aus Schloss und Pflanzenhallen (1864) im mediterranen Stil, war als Höhepunkt einer Triumphstraße bis zum Belvedere auf dem Klausberg gedacht. Die Straße wurde nie fertig. Das Schloss beherbergt den Raffaelsaal im Mittelbau. Unter den 50 Gemäldekopien ist die »Sixtinische Madonna« von Raffael (1483–1520).

■ An der Orangerie 3–5, www.spsg.de, April Sa, So 10–18, Mai–Okt. Di–So 10–18 Uhr, 4 €, erm. 3 €

6 Belvedere auf dem Klausberg
| Aussichtspunkt |

Als erstes Belvedere Potsdams begründete es die Tradition architektonisch gestalteter Aussichtspunkte. Es stellt das letzte Bauwerk Friedrichs des Großen dar. Im Zweiten Weltkrieg zerstört, wurde es anlässlich der deutschen Einheit restauriert und bietet einen grandiosen Ausblick auf den Park Sanssouci. Die Innenräume sind ausschließlich bei Sonderveranstaltungen zugänglich.

■ An der Orangerie 1, www.spsg.de

7 Neues Palais
| Schloss |

Der kolossale Barockbau (1753–1769) westlich des Parks diente Friedrich dem Großen zur Repräsentation und war später Wohnsitz Kaiser Wilhelms II. bis zum Sturz der Monarchie im Jahr 1919. Das sanierte Palais integriert prächtige Festsäle, Galerien und fürstliche Apartments, ebenso das Untere Fürstenquartier, den kostbaren Grottensaal (Muschelsaal mit 24 000 Muscheln, Mineralien, Fossilien, Edelsteinen) sowie den Marmorsaal. Das Schlosstheater im Rokokostil wird derzeit saniert und ist geschlossen.

■ Am Neuen Palais, www.spsg.de, April– Okt. Mi–Mo 10–18, Nov.–Dez. Mi–Mo 10–17 Uhr, 8 €, erm. 6 €

8 Schloss und Park Charlottenhof
| Schloss |

Antiken Vorbildern folgend, entwarfen Architekt Karl Friedrich Schinkel und Gartengestalter Peter Joseph Lenné das barocke Gutshaus mit Gartenanlage um 1829. Charlottenhof wird zu Recht Preußisches Arkadien genannt. Eine Besonderheit ist das Zeltzimmer, das nach dem Vorbild römischer Feldherrenzelte eingerichtet wurde. Das Zimmer mit blau-weiß gestreiften Papiertapeten und blau-weißen Fensterläden deutet auf die Herkunft Elisabeths von Bayern hin.

■ Geschwister-Scholl-Str. 34a, www.spsg. de, Mai–Okt. Di–So 10–18 Uhr, 6 €, erm. 5 €, Besichtigung nur mit Führung

Komplett in Blau-Weiß gestaltet ist das Zeltzimmer im Schloss Charlottenhof

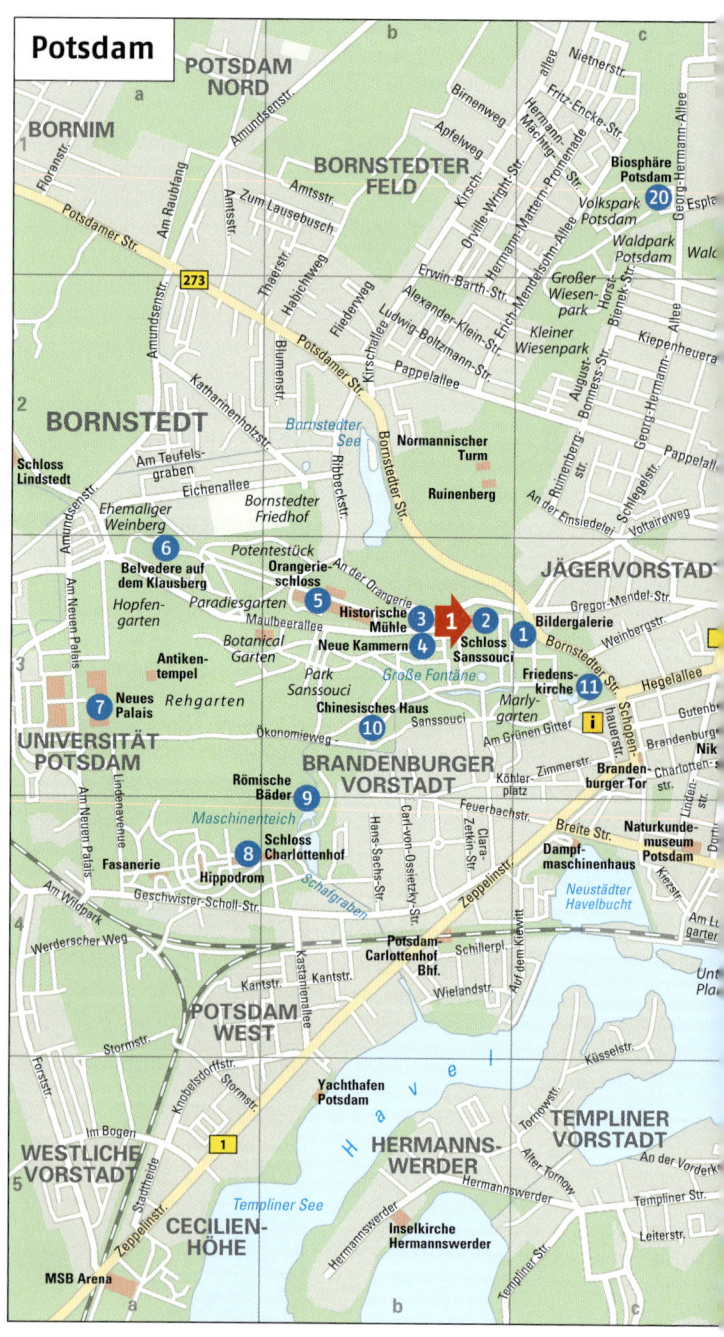

![Das Chinesische Haus im Park Sanssouci besitzt einen kleeblattförmigen Grundriss]

Das Chinesische Haus im Park Sanssouci besitzt einen kleeblattförmigen Grundriss

9 Römische Bäder
| Architektur |

Romantisches Ensemble im Stil eines italienischen Landgutes nach Ideen des zeichnerisch begabten Königs Friedrich Wilhelm IV. Karl Friedrich Schinkel und Ludwig Persius setzten diese ab 1829 in Hofgärtnerhaus, Pavillon, Gehilfenhaus, große Laube, Arkadenhalle und Römische Bäder um. Gebadet wurde hier nie. Heute finden hier temporäre Ausstellungen statt.

■ Park Sanssouci, www.spsg.de, Mai–Okt. Di–So 10–18 Uhr, 5 €, erm. 4 €

10 Chinesisches Haus
| Architektur |

Der Rokoko-Gartenpavillon mit vergoldeten Figuren und hochkarätigem Porzellan charakterisiert die Chinoiserie-Mode des 18. Jh. europäischer höfischer Kultur.

■ Am Grünen Gitter, www.spsg.de, Mai–Okt. Di–Sa 10–18 Uhr, 3 €, erm. 2 €

11 Friedenskirche
| Kirche |

Die evangelische Kirche im Marlygarten (1845–1854) wurde einem italienischen Kloster nachempfunden. Das originale, einzigartige Mosaik (13. Jh.) stammt aus der Kirche San Cipriano in Murano nahe der Stadt Venedig und wurde vor dem Abriss hier bewahrt. Die hölzernen Kassettendecken der dreischiffigen Säulenbasilika sorgen für eine hervorragende Akustik, wenn die Orgel erklingt.

■ Am Grünen Gitter 3, www.friedens kirche-potsdam.de, Mitte März–April Mo–Sa 11–17, So 12–17, Mai–Sept. Mo–Sa 10–18, So 12–18, Okt. Mo–Sa 11–17, So 12.30–16, Nov.–Mitte März Sa 11–16, So 12.30–16 Uhr, frei zugänglich

Verkehrsmittel

Der öffentliche Nahverkehr zum Park Sanssouci funktioniert mit Bus 614, 695, X15 und Straßenbahn sehr gut im 20-Min.-Takt.

 Parken

Tiefgarage Luisenplatz bis 10 Std. 6 €, Tageshöchstgebühr 12 €, Stellplätze für Pkw auf dem Parkplatz P1, An der Historischen Mühle, und P3, Am Neuen Palais, 1 Std. ab 2 €.

Restaurants

€ | Fredersdorf Von Kartoffelsuppe über Currywurst bis Matjes in Sichtweite des Neuen Palais. ■ Am Neuen Palais 3, Tel. 03 31/95 13 00 51, www.res taurant-fredersdorf.de, Mitte April–Nov. Di–So 11–18 Uhr, Plan S. 22/23 a4

€–€€ | Drachenhaus Feine deutsche Bioküche und hausgemachter Kuchen im Park Sanssouci. ■ Maulbeerallee 4, Tel. 03 31/505 38 08, www.drachenhaus. de, April–Okt. tgl. 11–20, Nov., Dez., März Di–So 12–18, Jan., Feb. Sa, So 12–18 Uhr, Plan S. 22/23 a3

€–€€ | Krongut Bornstedt Märkische Speisen, Bornstedter Büffel-Bier, Weinscheune Habel, Königliche Hofbäckerei und Café Victoria laden auf das Mustergut der einstigen Hohenzollern ein. ■ Ribbeckstr. 6, Tel. 03 31/550 65 48, www.krongut-bornstedt.de, tgl. 11–22 Uhr, Plan S. 22/23 b2

€–€€ | Zur Historischen Mühle Leckere Frühstücksbüfetts, internationale Küche à la Mövenpick im Palmenhaus und im Biergarten. ■ Zur Historischen Mühle 2, Tel. 03 31/28 14 93, www.moe venpick-restaurants.com, tgl. 8–22 Uhr, Plan S. 22/23 b3

Die Altstadt

Holländer treffen hier auf Theaterleute und »Barberini«

Das Stadtzentrum steht Sanssouci in seiner Attraktivität in nichts nach. Der besondere Mix aus Historie, Architektur, Gastronomie und Geschäften lädt zum Verweilen ein.

12 Nauener Tor
| Stadttor |
Das Nauener Tor ist eins der drei erhaltenen Stadttore (weitere Jägertor, Brandenburger Tor) von 1754/1755. Es ist der erste Bau neugotischen Stils auf dem europäischen Kontinent. 1996/1997 wurden Tor und Vorplatz umfassend saniert, wobei das Tor wieder im historischen Anstrich steht. Jeden Mittwoch und Samstag (9–16 Uhr) findet hier ein großer Wochenmarkt statt, bei dem v.a. Feinschmecker auf ihre Kosten kommen.
■ Friedrich-Ebert-Str. 32, Tel. 03 31/27 55 80, www.potsdam.de, Mo–Sa 9.30–20, So 10–16 Uhr, 3 €, erm. 2 €

13 Holländisches Viertel
| Architektur |
 Flanieren und Shoppen ähnlich wie in Amsterdam
Das besondere Flair des Gebäudeensembles (1733 und 1742) mit Wohnungen, kleinen Läden, Galerien, Werkstätten, Kneipen, Restaurants und Cafés sollte man erlebt haben – ein Stück Holland in der Preußenstadt. Ein Museum erinnert an Baumeister Jan Boumann und die Entstehung des Viertels. Jedes Jahr im April findet das Tulpenfest am Bassinplatz statt.
■ Mittelstr. 8, www.jan-bouman-haus. de, Mo–Fr 13–18, Sa, So 11–18 Uhr, 3 €, erm. 2 €

Die zwölf Apostel und die vier Evangelisten schmücken die Apsis der St. Nikolaikirche

14 Propsteikirche St. Peter und Paul

| Kirche |

Gelber Backsteinbau (um 1867) nach italienischem Vorbild mit fast 60 m hohem Glockenturm und Gemälden von Antoine Pesne (Künstler des Barock und Rokoko), u.a. Hochaltarbild »Todesangst Christi«. Dem Gebäude (1867–1870) mit byzantinischen und romanischen Stilelementen gingen mehrere Vorgängerbauten an verschiedenen Orten der Stadt voraus.

■ Am Bassin 2, www.peter-paul-kirche. de, April–Nov. Mo–Sa 10–16 Uhr

15 Haus der Brandenburgisch-Preußischen Geschichte

| Museum |

Die ständige Ausstellung »Land und Leute« im historischen königlichen Kutsch(pferde)stall – eine erlebnisreiche Reise durch 900 Jahre brandenburgisch-preußische Landesgeschichte. Rund 350 originale Objekte sowie Fotos, Filme und Multimediastationen sind zu sehen. Zudem finden viele Sonderausstellungen und Veranstaltungen statt. Ein Besuch lohnt sich.

■ Am Neuen Markt 9, www.hpbg.de, Di–Do 10–17, Fr–So 10–18 Uhr, 4,50 €, erm. 3,50 €, Familie 6,50 €, Audioguide inbegriffen

16 St. Nikolaikirche

| Kirche |

Karl Friedrich Schinkel lieferte die Pläne, Ludwig Persius und August Stüler führten sie aus. Die St. Nikolaikirche ist einer der bedeutendsten klassizistischen Sakralbauten deutschlandweit, mit korinthischer Säulenkolonnade sowie Tambourkuppel. Die Kirche wurde im Zweiten Weltkrieg zerstört. Frisch saniert steht sie heute unter Denkmalschutz und ist geistliche und gesellschaftliche Begegnungsstätte mit zahlreichen Veranstaltungen.

■ Am Alten Markt, www.evkirche.de, April–Nov. Mo–Sa 10–19 Uhr

 Palais Barberini
| Kunstmuseum |

 Neues Highlight in der Stadt seit 2017 in wunderschönem Palais

Das vom Potsdammäzen und SAP-Mitgründer Hasso Plattner gestiftete Museum im Barberini-Palais zeigt wechselnde Ausstellungen mit Gemälden aus der ganzen Welt aller Epochen, ausgehend von der privaten Impressionismus-Sammlung Plattners. Ein Museumscafé gibt es auch, im Sommer kann man auf dem Marktplatz sitzen.

■ Humboldtstr. 5–6, www.museum-barberini.com, Fr–Mo, Mi 10–19, Do 11–21 Uhr, 14 €, erm. 10 €, Abendspecial 8 €, erm. 6 €, unter 18 J. frei, barrierefrei

 Schiffbauergasse
| Veranstaltungsort |

Dampfschiffbau und Fischzucht bestimmten einst den Ort, der heute eine kreative Mischung aus Gewerbe, kultureller und sportlicher Vielfalt darstellt. Es bietet sich eine angesagte, hochkarätige Szene direkt am Tiefen See mit Waschhaus, Maschinenhalle, ehemaligen Pferdeställen (mit Theater T-Werk), Hans Otto Theater, Kunstmuseum FLUXUS sowie Schiffsanleger, Floßstation und Bootsausleih.

■ www.schiffbauergasse.de

 Parken

Parkhaus Bahnhofspassagen, Babelsberger Str. 16 (10 €/Tag), Parkplatz Lustgarten, Lustgartenwall (5 €/Tag), Parkhaus Wilhelmgalerie, Platz der Einheit (2 €/Std.).

 Restaurants

€€ | **Il Teatro** Restaurant im historischen Ambiente einer weißen Mühle mit guten italienischen Speisen.
■ Schiffbauergasse 12, Tel. 03 31/20 09 72 91, www.ilteatro-potsdam.de, Di–Do ab 16 Uhr, Plan S. 22/23 e3

€€ | **Restaurantschiff John Barnett** Zünftige Speisen wie Labskaus oder Schnitzel. Brunch in den urigen Schiffsräumen oder auf dem Sonnendeck.
■ Schiffbauergasse 12a, Tel. 03 31/201 20 99, www.john-barnett.de, März–Okt. Di–Fr 12–24, Sa, So 10–24, Nov.–Feb. Di–Fr ab 16, Sa ab 12, So ab 10 Uhr, Plan S. 22/23 e3

 Cafés

Heider Genuss in traditioneller Kaffeehausatmosphäre mit leckerem Backwerk und gutem Kaffee oder interna-

Seit 2017 beherbergt das Palais Barberini ein privat gestiftetes Kunstmuseum

tionalen Speisen. Obergeschoss mit schönem Ausblick. ■ Friedrich-Ebert-Str. 29, Tel. 03 31/270 55 96, www.cafe heider.de, Mo–Fr ab 8, Sa, So ab 9 Uhr, Plan S. 22/23 d3

La Maison du Chocolat Mit eigener Konditorei, französischen Törtchen, Tartes, Macarons, Kuchen und Torten. Hier ist für jeden süßen Gaumen etwas dabei. ■ Benkertstr. 20, Tel. 03 31/237 07 30, www.schokolodenhaus-potsdam de, tgl. 10–21 Uhr, Plan S. 22/23 d3

 Einkaufen

Die **Brandenburger Straße** verbindet die Propsteikirche St. Peter und Paul mit dem Brandenburger Tor. Die vielen Geschäfte laden zum Shoppen ein. Neu auf drei Etagen ist das Luisen-forum. Potsdamer nennen die Fußgän-gerzone scherzhaft »Broadway«. Auch im angrenzenden Holländischen Vier-tel gibt es viele spezielle kleine Läden mit besonderem Flair. ■ Plan S. 22/23 c/d3

 Konzerte

Nikolaisaal Von Klassik über Jazz und Pop bis hin zur Weltmusik. ■ Wilhelm-Staab-Str. 10/11, Tel. 03 31/288 88 28, www.nikolaisaal.de, Plan S. 22/23 d3/4

 Kinder

Extavium Mitmachmuseum mit über 60 interaktiven Exponaten, in dem man den Satz des Pythagoras anfassen oder seinen Schatten einfrieren kann. ■ Am Kanal 57, Tel. 03 31/60 12 79 59, www.extavium.de, Di, Mi 9–14, Do, Fr 9–17, Sa, So 10–17 Uhr, 6 €, erm. 5 €, Plan S. 22/23 d3/4

 Sport

Im **Volkspark Potsdam** gibt es Skate-parcours, Wasser- und Sandspielplätze, Bolzplätze und einen 4 km langen Rundweg. ■ Georg-Hermann-Allee 99, Tel. 03 31/27 19 80, www.volkspark-pots dam.de, Plan S. 22/23 c1

Im Holländischen Viertel gibt es zahlreiche gemütliche Cafés und Restaurants

Casinos

Die **Spielbank Potsdam** befindet sich im ehemaligen, repräsentativen Knobelsdorff-Haus. Gepflegte Kleidung und Personalausweis nötig. ◪ Schlossstr. 14, Tel. 03 31/290 93 00, tgl. 11–3 Uhr, www.bbsb.de, Plan S. 22/23 c/d4

Kneipen, Bars und Clubs

Bar-O-Meter Angesagte kleine Backsteinkellerbar mit nur 25 Sitzplätzen. ◪ Gutenbergstr. 103, Tel. 03 31/270 28 80, Mo–Do ab 20, Fr, Sa ab 21 Uhr, Plan S. 22/23 c3
Bar Fritz'n Top-Qualität mitten in der Innenstadt. Bei schönem Wetter Cocktails auch im Außenbereich. ◪ Dortusstr. 6, Tel. 01 73/247 93 53, www.barfritzn. de, tgl. ab 18 Uhr, Plan S. 22/23 c3

Die Umgebung

Pfingstberg, Neuer Garten, Babelsberg und Sacrow

Nicht nur das Zentrum Potsdams ist für Besucher interessant, auch die Gegend etwas abseits der Stadt lohnt einen Ausflug.

Alexandrowka
| Museum |

Die russische Kolonie unweit von Sanssouci ist ein begehbares Baudenkmal. König Friedrich Wilhelm III. von Preußen ließ sie 1826/1827 für die letzten zwölf russischen Sänger eines ehemals aus 62 Soldaten bestehenden Chores anlegen. Heute gibt es hier auch russische Spezialitäten zu genießen und typische Volksmusik zu hören. Im gemütlichen Sommergarten existiert eine kleine historische Ausstellung zur Geschichte der Kolonie.

Typisches Haus in der russischen Kolonie Alexandrowka im Norden Potsdams

◪ Russische Kolonie 2, www.alexandrowka.de, Mo–Fr 9–18, Sa, So 10–19 Uhr, 3,50 €, erm. 3 €, unter 14 J. in Begleitung der Eltern frei

20 Biosphäre Potsdam
| Natur |

Einzigartige Naturerlebniswelt mit 20 000 tropischen Pflanzen und Bäumen. Mangrovensumpf, Palmenhain und Fürst Pückler, der die Besucher in der Biosphäre akustisch begleitet. Besonders sehenswert sind das Schmetterlingshaus und die Unterwasserwelt Aquasphäre. Die Biosphäre lässt sich gut mit einem Besuch im Volkspark verbinden, denn sie liegt mittendrin.
◪ Georg-Hermann-Allee 99, www.biosphaere-potsdam.de, Mo–Fr 9–18, Sa, So 10–19 Uhr, 11,50 €, erm. 4,50–9,80 €, Familie 33,50 €

Im Blickpunkt

Roter Adler

Das Wappentier des Landes Brandenburg entstand infolge des Wiener Kongresses 1815. Die Provinz Brandenburg in den damals festgelegten Grenzen (ohne den ältesten Bestandteil Altmark, aber neu mit dem Land Jüterbog und der Niederlausitz) wurde der Form nach als Adler interpretiert. Obwohl sich die Grenzen änderten, blieb der märkische Adler, auch in der inoffiziellen Landeshymne.

21 Schloss Belvedere auf dem Pfingstberg

| Aussichtspunkt |

Seit 2001 steht das einstige Lustschloss Belvedere in einem historischen Ensemble für Besucher wieder offen. Von dem 76 m hohen Hügel ergibt sich ein fantastischer Blick auf Potsdam. Zu diesem UNESCO-Welterbe gehören auch der Pomonatempel (das 1801 erste ausgeführte Bauwerk Karl Friedrich Schinkels) und ein Lenné-Garten, der vom Meister mit dem Neuen Garten verbunden wurde.

■ Pfingstberg, www.pfingstberg.de, April–Okt. 10–18, März–Nov. Sa, So 10–16 Uhr, 4,50 €, erm. 3,50 €, Familie 12 €, Kombitickets möglich

22 Schloss Cecilienhof

| Schloss |

2 *Schloss, in dem Geschichte geschrieben wurde*

Das Schloss (1913–1916 erbaut) im Stil eines englischen Landhauses, ist durch das Potsdamer Abkommen 1945 weltberühmt geworden. Die vier Sie-

germächte des Zweiten Weltkrieges (Sowjetunion, USA, Großbritannien und Frankreich) beschlossen darin die Teilung Deutschlands in vier Zonen und seine zentrale Regierung durch den Alliierten Kontrollrat. Eine Ausstellung informiert über diese Tage und die Folgen.

■ Im Neuen Garten 11, www.spsg.de, April–Okt. Di–So 10–17.30, Nov.–März Di–So 10–16.30/17 Uhr

23 Neuer Garten

| Parkanlage |

Erster englischer Garten der Stadt auf 102,5 ha mit gestalterischen Verbindungen übers Wasser hinweg zu den Gärten von Sacrow, zu Pfaueninsel, Glienicke und Babelsberg. Eine der schönsten Kulturlandschaften der Welt mit Orangerie, Schloss Cecilienhof und Marmorpalais (erstes klassizistisch gestaltetes Schloss Potsdams).

■ Am Neuen Garten, www.spsg.de, tgl. 8 Uhr bis Sonnenuntergang, Marmorpalais: Im Neuen Garten 10, www.spsg. de, Nov–März. Sa, So 10–16, April Sa, So 10–18, Mai–Okt. Di–So 10–18 Uhr, 6 €, erm. 5 €, Kombiticket möglich, Ausstellungsräume barrierefrei

24 Park Babelsberg

| Landschaftspark |

Der Landschaftspark (1833) am Tiefen See wurde von den bedeutenden Gartenkünstlern Joseph Lenné und Fürst Hermann von Pückler-Muskau gestaltet. Im Mittelpunkt liegen das neugotische Schloss Babelsberg und das Babelsberger Wahrzeichen, der Flatowturm. Wer ihn besteigt, wird in 46 m Höhe mit einem grandiosen Panoramablick ins Umland belohnt.

■ Schlosspark Babelsberg, www.spsg.de, tgl. 8 Uhr bis Sonnenuntergang, Flatow-

Schloss Babelsberg ist von einem 124 ha großen Landschaftspark umgeben

turm: Park Babelsberg 12, Mai–Okt. Sa, So 10–18 Uhr, 4 €, erm. 3 €

25 Heilandskirche und Schloss Sacrow
| Architektur |

Nach der Wende restauriertes Bauwerk am malerischen Havelufer. Bemerkenswert ist der frei stehende Glockenturm der außergewöhnlichen Kirche (1844) am Port von Sacrow. Ungewöhnlich: Die Kirche reicht bis ins Wasser hinein. Während der deutschen Teilung führte die Grenzlinie quer übers Kirchengelände. Heute finden regelmäßige Sonderausstellungen sowie künstlerische Interaktionen statt. Das königliche Parkareal ringsum stammt vom Gartenkünstler Lenné.

■ Schloss: Krampnitzer Str. 33, www.spsg.de, nur bei Ausstellungen und Veranstaltungen geöffnet, Heilandskirche: Fährstraße, www.heilandskirche-sacrow.de, Park: Eintritt frei, tgl. 8 Uhr bis Sonnenuntergang

 Restaurants

€–€€ | Kades Restaurant Am Pfingstberg Im Garten auf grüner Hügellage mit alten Rezepten aus der Mark. ■ Große Weinmeisterstr. 43b, Tel. 0331/293533, www.restaurant-pfingstberg.

ADAC *Spartipp*

Das Ticket **Sanssouci+** für alle Schlösser Potsdams an einem Tag inkl. fester Einlasszeit im Schloss Sanssouci kostet 19 €, erm. 14 €. Zwei Erwachsene mit bis zu vier Kindern sind mit 49 € dabei. *www.schloss-sanssouci.net*

Im Blickpunkt

Der Alte Fritz

Preußenkönig Friedrich der Große (1712–1786) ist als Alter Fritz bekannt. Sein Leben endet kurz vor der Französischen Revolution im Schloss Sanssouci. Als Repräsentant des aufgeklärten Absolutismus setzte er dennoch seinerzeit Zeichen. Er sah sich als »ersten Diener des Staates«, schaffte die Folter ab, förderte Bildung und neue Ideen. 1742 befahl er z.B. per Edikt Maulbeerbäume zur Zucht von Seidenraupen anzupflanzen, um sich von Importen loszulösen. Er schrieb Bücher, entwickelte das preußische Landrecht, verehrte die Künste, skizzierte und spielte Flöte. So progressiv er einerseits schien, so aggressiv war andererseits seine Außenpolitik. Er brach Verträge und führte Kriege gegen alle Großmächte Europas.

de, Jan.–Okt. Mi–Mo ab 12 Uhr, Plan S. 22/23 d1

€–€€ | **Prinz Eisenherz** Auf dem Filmparkgelände mit Dinnershows und mottobezogenen Speisen in Burgszenerie. ◼ Aug.-Bebel-Str. 26–58, Tel. 03 31/721 27 17, www.prinz-eisenherz.info, tgl. 11–18 Uhr, Plan S. 22/23 östl. f5

€€ | **Meierei im Neuen Garten** Deutsche Küche und eigene Brauerei in ehemaliger Molkerei, mit Biergarten. ◼ Im Neuen Garten 10, Tel. 0331/70 43 21 15, www.meierei-potsdam.de, April–Okt. Di–Fr ab 12, Sa, So ab 11, Nov.–März Di–So ab 12 Uhr, Plan S. 22/23 d2

€€ | **Zum Sacrower See** Tolles Lokal mit Rittersaal und zünftigen Speisen inmitten des Naturschutzgebietes Königswald. ◼ Weinmeisterweg 1, Tel. 03 31/50 38 55, www.rittersaal-sacrow.de, April–Okt. tgl. ab 12, Nov.–März Di–So ab 12 Uhr, Plan S. 22/23 nördl. f1

 Cafés

Kleines Schloss Hausgebackene Kuchen und Torten, dazu erlesener Tee oder Kaffee. Auch herzhafte Quiches. ◼ Am Babelsberg 9, Tel. 03 31/70 51 56, www.kleinesschloss.de, April–Sept. Di–So 11–18, Okt. Di, Do–So 11–18 Uhr, Plan S. 22/23 f2/3

 Erlebnisse

③ Der **Filmpark Babelsberg** bietet Action vor und hinter vielen Filmkulissen – für die ganze Familie ein unvergessliches Vergnügen. Auch das spezielle 4D- und XD-Kino sollte man erlebt haben. ◼ Großbeerenstr. 200, Tel. 03 31/721 27 50, www.filmpark-babelsberg.de, April–Anfang Nov. tgl. ab 10 Uhr, 22 €, erm. 15 €, Familie 65 €, Plan S. 22/23 östl. f5

2 Werder

Blütenstadt im Wasserparadies und ein Museum fürs Obst

 Information

■ Tourist-Info, Kirchstr. 6/7, 14542 Werder, Tel. 0 33 27/78 33 22, www.werder-havel. de, Mitte April–Mitte Okt. Mo, Di, Do, Fr 10–12.30 und 13–17, Sa, So 13–17, Mitte Okt.–Mitte April Mo, Di, Do 10–14 Uhr

Schwielowsee, Glindowsee, Großer Plessower See, Zernsee oder Havel – jeder Spaziergang führt ans Wasser. Inmitten liegt der älteste und wohl schönste Teil der Stadt: die Havelinsel. Werder ist sehr reich an Sonne. Besonders Obst und Gemüse gedeihen hier gut. Dies wird auf dem alljährlichen Baumblütenfest (S. 129) gefeiert.

 Sehenswert

Insel Werder
| Stadtbild |
In der idyllischen Altstadt auf der Stadtinsel harmonieren ein- und zweigeschossige Bürgerhäuser aus dem 18. und frühen 19. Jh. mit einfachen Fischerhäuschen. Der 45 m hohe Turm der neugotischen Heilig-Geist-Kirche überragt das Ganze. Sie entstand um 1858 nach Entwürfen des preußischen Baumeisters August Stüler und ist sowohl Wahrzeichen der Stadt als auch höchster Punkt auf der Insel.
■ Heilig-Geist-Kirche: Kirchstr., www. heilig-geist-kirche.de

Obstbaummuseum
| Museum |
Es ist das älteste Museum dieser Art deutschlandweit und informiert anschaulich über die Entwicklung des Obstanbaus, der Fischerei und des Weinbaus in Werder. 1959 von Gartenbaudirektor Langner und Adolf Kassin sen. gegründet, befindet es sich im ehemaligen Stadtgefängnis der Inselstadt und zeigt Bücher, Dokumente, historische Kleidung und Geräte.
■ Kirchstr. 6, April–Okt. Mo, Di, Fr 11–17, Sa, So 13–17 Uhr, 1,50 €, erm. 1 €

Galerie im Lendelhaus
| Galerie |
Neuer Besuchermagnet Werders seit 2017: Inselkünstler wie Hans-Joachim Stahlberg und Peter Weymann zeigen hier regelmäßig ihre Gemälde und Skulpturen. Dabei wird auch ein Blick in die ehemaligen Herren-, Damenund Arbeitszimmer der Familie Lendel in der Historischen Saftfabrik gestattet. Das Lendelhaus, 1786 bis 1789 im klassizistischen Stil mit barocken Elementen erbaut, ist eines der schönsten Häuser der Havelinsel.
■ Am Markt 21, www.lendelhaus.de, Do 17–20, Sa, So 14–18 Uhr

 Restaurants

€€ | **Hotel Zur Insel** Gute Küche mit Fisch, Wild und saisonalem Gemüse der Region. ■ Am Markt 6, Tel. 0 33 27/ 661 60, www.hotel-zur-insel.de, April–Okt. tgl. 12–23, Nov.–März Mo–Fr 17–22, Sa, So 12–22 Uhr

Gefällt Ihnen das?

Wenn Sie mitten in der Stadt baden möchten, können Sie das auch in Prenzlau am **Unteruckersee** (S. 68) und in Strausberg am **Straussee** (S. 80) erleben.

Brandenburg/Havel

An der Havel gelegene Wiege der Mark

![Die im Jahr 1929 erbaute Jahrtausendbrücke verbindet Alt- und Neustadt]

Die im Jahr 1929 erbaute Jahrtausendbrücke verbindet Alt- und Neustadt

ℹ Information

- Tourist-Info, Neustädtischer Markt 3, 14776 Brandenburg/Havel, Tel. 0 33 81/ 79 63 60, www.stg-brandenburg.de, Mo–Sa 9–20, So 10–15 Uhr
- Parken siehe S. 37

 1000-jährige Stadt mit drei historischen Stadtkernen

Von 31 historischen Stadtkernen des Landes besitzt allein die Rolandstadt Brandenburg drei. Sieben Kirchen, vier Stadttore als Überreste der mittelalterlichen Stadtbefestigung, ein Kloster, Brücken und historische Plätze zeugen von der 1000-jährigen Geschichte der Stadt. Als Wiege der Mark gehört Brandenburg mit seinen roten Bauwerken heute der »Europäischen Route der Backsteingotik« an. Havel und Seen ringsum bilden das größte zusammenhängende Binnengewässersystem Europas, das sich auch auf der Sieben-Seen-Tage-Radtour erkunden lässt. Im Rahmen der Bundesgartenschau BUGA 2015 ist die Stadt mit Stahl-Tradition gründlich aufgefrischt und somit viel attraktiver geworden. Viele Havelbrücken rücken heute die einst getrennten historischen Siedlungsorte der Alt- und Neustadt enger zusammen.

Plan
S. 37

② St. Katharinenkirche
| Kirche |

Sie gilt als Höhepunkt märkischer Gotik (15. Jh.) und ist die größte Kirche der Stadt. Der Dachfirst ist 38 m, der Turm 72,5 m hoch. Selten viele durchbrochene Maßwerkrosetten und figürlicher Schmuck zieren die Außenwände. Besonders beeindruckend sind die Schöppenkapelle an der Südseite, der Flügelaltar (1474) und der achteckige Bronze-Taufkessel (1440).

■ Katharinenkirchplatz 2, Tel. 033 81/ 52 11 62, www.gotthardtkirche.de, Mo– Sa 11–15, So 13– 16 Uhr

③ Archäologisches Landesmuseum
| Museum |

Das ehemalige Dominikanerkloster St. Pauli (13./14. Jh.) präsentiert 130 000 Jahre Kulturgeschichte anhand 10 000 ausgewählter Exponate, darunter das Tragenetz aus Friesack, eins der weltweit ältesten Textilien und ein Schädel mit einer erfolgreichen operativen Öffnung der Schädeldecke.

■ Neustädtische Heidestr. 28, www. landesmuseum-brandenburg.de, Di–So 10–17 Uhr, 5 €, erm. 3,50 €, Familie 10 €, unter 10 J. Eintritt frei

④ Frey-Haus
| Museum |

Eine Ausstellung zu Brandenburger Spielwaren erinnert an Ernst Paul Lehmann, der 1881 mit seinem Blechspielzeug den Industriezweig begründete. Ebenso an Oskar Wiederholz, den Erfinder des Lineols. Kein DDR-Kinderzimmer war ohne dieses Spielzeug.

◉ Sehenswert

① Dom St. Peter und Paul
| Dom |

Sein Standort ist die Wiege der Mark. Hinter dem roten Backsteingemäuer (1165) sind u. a. der böhmische Altar und die Orgel von Joachim Wagner (Schüler des berühmten Orgelbauers Gottfried Silbermann) sowie viele Kunstwerke aller Epochen zu sehen.

■ Burghof 10, www.dom-brandenburg. de, April–Okt. Mo–Sa 10–17, So 12–17, Nov.–März Mo–Sa 11– 16, So 12–16 Uhr, Ausstellung/Museum Mai–Okt. Mo–Sa 10– 17, So 12–17 Uhr, Eintritt frei, Führungen Dauer 20 Min., Mai–Okt. tgl. 11, 15 Uhr

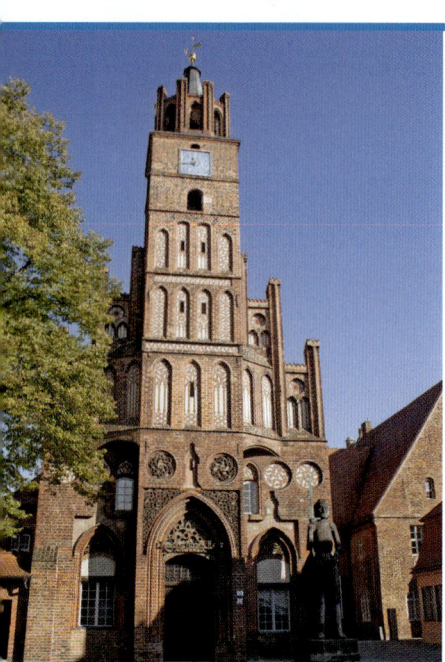

Der Brandenburger Roland steht vor dem Altstädtischen Rathaus

Wechselnde Sonderausstellungen präsentieren zudem Kunstschätze aus dem Depot des Stadtmuseums.
■ Ritterstr. 96, www.stadtmuseum-bran denburg.de, Di–So 13–17 Uhr, 3 €, erm. 1,50 €, Familie 5 €, unter 18 J. frei

⑤ Altstädtisches Rathaus
| Fassade |

Auffällig am sanierten gotischen Backsteinbau sind der blendengeschmückte Staffelgiebel mit Wappen Altstädter Ratsfamilien an der Schauseite, das Hauptportal mit Kopfbildern von vier Stadtpersönlichkeiten des 15. und 16. Jh. und der Roland rechts neben dem Hauptportal von 1474. Die aus Sandstein jünglingshaft gestaltete, 5,35 m hohe Figur gehört zu den schönsten dieser Art im norddeutschen Raum.

⑥ Gedenkstätte für die Opfer der Euthanasie-Morde
| Gedenkstätte |

In der ehemaligen Tötungsanstalt erinnert eine Dauerausstellung an die mehr als 9000 Opfer der Euthanasie-Morde, die 1940 während der sogenannten Aktion T4 hier ermordet wurden. Der Ort war der erste mit einer »Probevergasung« 1940. Es war die erste, zentral gesteuerte Phase des Krankenmords an über 70 000 psychisch Kranken und Behinderten im Nazireich. Im Gedenkbuch stehen Namen von 8237 identifizierten Opfern.
■ Nicolaiplatz 28, www.stiftung-bg.de, Do, Fr 13–17, Sa, So 10–17 Uhr, Eintritt frei

⑦ Bürgerpark Marienberg
| Park |

Der Park ist die höchste, schönste und größte Grünanlage der Stadt. Von der Straße Am Rosenhag geht es über eine wasserreiche Terrassengartenanlage (1908) bergauf bis zum 32,5 m hohen Aussichtsturm Friedenswarte (1974). Der Bürgerpark mit Freilichtbühne (von 1956) und Marienbad ist seit der BUGA 2015 hergerichtet und regionaler Anziehungspunkt.
■ Friedenswarte Am Marienberg, www. stadt-brandenburg.de, April–Juni, Sept.–Okt. Do–So 10–17, Juli, Aug. Di–So 10–17 Uhr, 3 €, erm. 1,50 €, Familie 6 €

⑧ Industriemuseum
| Museum |

Die wechselvolle Geschichte des Brandenburger Stahl- und Walzwerkes ist im Industriemuseum der Stadt dokumentiert. Mittelpunkt ist der letzte in Westeuropa erhaltene Siemens-Martin-Ofen XII (bis 1993 in Betrieb). Zu sehen sind außerdem gewaltige Krananlagen, riesige Stahlpfannen, eine

Diesellok mit Gießzug und ehemalige Arbeitsplätze der Stahlarbeiter.

■ August-Sonntag-Str. 5, www.industrie museum-brandenburg.de, März–Okt. Di– So 10–17 Uhr, Nov.–Feb. Di–So 10–16, 5 €, erm. 2,50–3 €

Parken

Kostenlos für 2 Std. am Hauptbahnhof, genügend Parkplätze in der Stadt 2 Std. ab 2 €.

Restaurants

€ | Marienberg Gut essen in einer wunderschönen Parkanlage hoch über der Stadt. Wild und Fisch aus der Region. Auch frisch gerösteter Kaffee zu leckerem Kuchen.■ Marienberg 1, Tel. 0 33 81/ 79 66 1 00, www.cafe-restaurant-marien berg.de, tgl. 10–22 Uhr, Plan S. 37 b2

€€ | Am Humboldthain Regionale Gourmetküche am idyllischen Humboldthain. ■ Plauer Str. 1, Tel. 0 33 31/ 33 47 67, www.am-humboldthain.de, Mi–

Sa 12–15 und 18–21, So 12–20 Uhr, Plan S. 37 c2

€€–€€€ | An der Dominsel Frische Fischspezialitäten am Wasser zu erlesenen deutschen Weinen mit Blick auf den Dom.■ Neustädtische Fischerstr. 14, Tel. 0 33 81/22 45 35, www.restaurant-dominsel.de, tgl. 11–22 Uhr, Plan S. 37 c2

Cafés

Wohnzimmer – Das Cafe Gemütliches Café mit frischen hausgemachten Backwaren und kleineren, leckeren Speisen. ■ Molkenmarkt 25, Tel. 0162/ 937 24 56, www.wohnzimmer.cafe, Di–So 10–18 Uhr, Plan S. 37 c2

ADAC *Wussten Sie schon?*

Hinter der Spottfigur Fritze Bollmann verbirgt sich ein häufig betrunkener Frisör, den Kinder gern ärgerten. Er beschimpfte sie dafür und bespritzte sie mit Rasierschaum.

Erlebnisse

Die Künstlerin Clara Walter hat fast 30 kunstvolle Waldmöpse – eine Erfindung Loriots – als Skulpturen geschaffen. Die Suche beginnt am Johanniskirchplatz und führt quer durch die Stadt zurück zur Jahrtausendbrücke.
■ www.erlebnis-brandenburg.de unter dem Stichwort »Erleben«

Events

Rolandspectaculum Mittelalterliches Markttreiben zu Ehren der Rolandstatue (1474) vor dem Rathaus im Mai.
■ www.brandenburg-altstadt.de

In der Umgebung

Kloster Lehnin
| Kloster |
Im ersten märkischen Zisterzienserkloster (1180), gegründet von Markgraf

Die Bronzeskulptur Schleusenspucker an der Stadtschleuse in Rathenow

Otto I., ist die Backsteinbaukunst der romanisch-gotischen Klosterkirche, des Könighauses und des Hospitals hervorzuheben. Lehnin war Hauskloster und Grablege der Askanier und Hohenzollern mit hoher kirchlicher, wirtschaftlicher und politischer Bedeutung. Im barocken Amtshaus ist ein Museum mit Geschichte(n) des Klosters und seiner Mönche.
■ Klosterkirchplatz 1–19, Kloster Lehnin, Tel. 01 78/618 71 38, www.klosterlehnin. de, April–Okt. Mo–Fr 10-16, Sa 10–17, So 13–17, Nov.–März Mo–Sa 10.30–15.30, So 13–16 Uhr, 3 €, erm. 2 €, Familie 7,50 €

4 Rathenow

Von Prismen und Floßfahrten im wunderschönen Optikpark

Information

■ Tourist-Info, 14712 Rathenow, Freier Hof 5, Tel. 0 33 85/51 49 91, www.rathenow. de, Mo–Fr 10–18, Sa, So 12–16 Uhr

In Rathenow dreht sich seit 200 Jahren alles um die Linse. Damals erfand hier Johann Heinrich August Duncker die Linsen-Vielschleifmaschine und damit die optische Industrie, welche bis heute hier ansässig ist.

Sehenswert

Optikpark
| Park |
Zu einem besonderen Farb- und Naturerlebnis auf dem ehemaligen Gelände der LAGA 2006 und der BUGA 2015 gestaltet sich die klingende Farbpyramide aus 37 Beeten. Spaß vermittelt der Optik-Spielplatz in blühenden Gartenanlagen. Idyllische Floßfahrten

und blühende Gartenstrahlen in den Regenbogenfarben auf 4000 m² Freifläche sorgen für unvergessliche optische Eindrücke aller Art.

■ Schwedendamm 1, www.optikpark-rathenow.de, 5 € (inkl. Floßfahrt), erm. 1–2,50 €, bis 10 J. frei

Optik-Industriemuseum

| Museum |

Das Museum im Kulturzentrum der Stadt vermittelt anschaulich die Entwicklung der optischen Industrie bis zur Gegenwart. Eine spezielle Ausstellung widmet sich dem Leben des optischen Wegbereiters J. H. A. Duncker, dem Sohn der Stadt. Optische Bauteile, Brillen, Ferngläser, Augenoptikgeräte, Kameras, Film- und Bildprojektoren und noch vieles mehr sind ausgestellt.

■ Märkischer Platz 3, www.oimr.de, Di–So 11–17 Uhr, Galerie und Museum 3 €, erm. 1,50 €, Familie 7 €

Bismarckturm

| Aussichtsturm |

Zur Aussichtsplattform in 34 m Höhe des Wahrzeichens der Stadt auf dem Weinberg führen 90 Stufen einer steinernen Wendeltreppe. Der Turm im neugotischen Stil gehört zu den 145 erhaltenen Bismarcktürmen Deutschlands und zu den 238 weltweit. Er steht seit April 1913 auf dem höchsten Punkt der Stadt, dem Kiekeberg.

■ Aufstieg April–Ende Okt. jeden 2. und 4. So im Monat 13–17 Uhr, 1,50 €, erm. 1 €

ADAC *Wussten Sie schon?*

Im Blickpunkt

Land der 1000 Seen

Mit 1315 km² ist der Naturpark Westhavelland die größte der Nationalen Naturlandschaften in Brandenburg und zählt zu den gewässerreichsten Regionen Deutschlands. Per Rad, zu Fuß oder auf dem Boot lassen sich hier die bedeutendsten Binnenrastplätze nordischer Zugvögel erleben. Der tägliche Flug Hunderttausender Wildgänse und von ca. 1500 Kranichen im Herbst sind ebenso spektakulär wie der dunkle Nachthimmel des Sternenparks Westhavelland Deutschlands. *www.tourismusverein-westhavelland.de*

 Restaurants

€ | **Harlekin** Märkisches Erlebnisrestaurant mit deutscher und internationaler Küche sowie Theater. ■ Märkischer Platz 3, Tel. 033 85/49 89 89, www.harlekin-restaurant.de, Di, Do, Fr 14–22, Mi 9.30–22, Sa, So 11.30–22 Uhr

€ | **Märkische Bierstuben** Traditionsrestaurant seit 1899 mit gutbürgerlicher Küche. ■ Große Milower Str. 49, Tel. 033 85/51 28 86, www.maerkische-bierstuben.de, Do–Mo 11–23 Uhr

 In der Umgebung

Flugplatz Stölln-Rhinow

| Flugplatz |

 Ältester Flugplatz der Welt (1893) mit Tauchsieder

Hier, am Gollenberg, übte Flugpionier Otto Lilienthal und starb, als er mit

seinem Gleiter 1896 abstürzte. Ein Denkmal, Tauchsieder genannt, erinnert an den mutigen Erfinder. Ebenso das Lilienthal-Centrum mit seiner Flugapparateschau und interaktiven Installationen. Lilienthal zu Ehren landete 1989 auf der nahen Wiese die ausgemusterte Iljuschin-62 Lady Agnes der DDR-Interflug – sie steht zum Anschauen bereit.

■ www.otto-lilienthal.de, März Sa, So 11–16, April–Okt. Di–So 10–17, Nov.–Feb. So 11–16 Uhr, Kombiticket IL62/Lilienthal-Centrum 8 €, erm. 7–7,50 €

5 Ketzin

Fischergilde und Lustschloss direkt am Havel-Radweg

Information

■ Tourist-Info, Rathausstr. 18, 14669 Ketzin/Havel, Tel. 03 32 33/738 30, www.ketzin.de, Mo, Mi, Fr 10–15, Di, Do 10–17 Uhr

Ketzin liegt inmitten eines herrlichen Landschaftsschutzgebiets mit über 80 künstlichen Gewässern. Die Stadt liegt am Havel-Radweg, der sich insgesamt über etwa 380 km von der Mecklenburgischen Seenplatte über das Havelland bis an die Elbe in Sachsen-Anhalt schlängelt, und am Otto-Lilienthal-Radweg (250 km).

Sehenswert

Schloss Paretz
| Schloss |

 Am wertvollsten sind die Tapeten und die Kutschen

Sommerresidenz und architektonisches Gesamtkunstwerk der Preußenkönigin Luise und ihrer Familie in einer

ADAC *Mobil*

7,5 ha großen und wunderschönen Parkanlage, geschaffen von Architekt David Gilly (1796). Heute erstrahlt das restaurierte Schloss in neuer Pracht. Zu sehen sind die königliche Wohnung, Grafiken und die berühmten Paretzer Papiertapeten, zudem eine Sammlung von Prunkschlitten, Kutschen und Sänften in der Schlossremise.

■ Parkring 1, OT Paretz, www.schloss-paretz.de, April–Okt. Di–So 10–18, Nov.–März Sa, So 10–16 Uhr, 5 €, erm. 4 €

Restaurants

€ | An der Fähre Märkische Küche mit fangfrischem Fisch an der Havel. ■ An der Fähre 1, Tel. 03 32 33/806 32, www.an-der-faehre.de, tgl. 12–20 Uhr

6 Nauen

Die Altstadt und Ribbecker Birnen bringen auf den Geschmack

Information

■ Tourist-Info, Rathausplatz 1, 14641 Nauen, Tel. 0 33 21/40 82 85, www.nauen.de, Mo–Do 8–17, Fr 8–16.30 Uhr

Einst Ackerbürgerstädtchen, lockt die Stadt heute als das bedeutendste sanierte Flächendenkmal im Havelland Besucher an. Es existiert kein Marktplatz, dafür aber die Altstadt mit Kopfsteinpflaster, wunderschönen Gebäuden der Gründerzeit und zahlreichen Fachwerkhäusern. Es lohnt sich, diese Häuser anzusehen: Goethestr. 56 (um 1700), Goethestr. 52, das Alte-Fritzen-Haus (1732 zeitweiliger Wohnsitz Friedrich des Großen), Holzmarktstr. 21 (1832, größtes Fachwerkhaus der Altstadt), Martin-Luther-Platz 2, Käthe-Kollwitz-Grundschule – die erste Schule Nauens datiert von 1541. Sie bildet mit der St. Jacobi-Kirche (1695), dem Pfarrhaus und der Mittelstraße 12–16 den Mittelpunkt der Altstadt.

Restaurants

€€ | **Landhaus Börnicke** Leckere deutsche Küche im 125-jährigen Fachwerkhaus. ▪ Grünefelder Str. 15, OT Börnicke, Tel. 03 32 30/513 06, www.landhaus-boernicke.de, tgl. ab 12 Uhr

Cafés

Altstadtcafé Nickel Das Café liegt etwas versteckt im ruhigen Innenhof. Angeboten werden Eis, Kaffee und Kuchen sowie Frühstück und warme Küche. ▪ Markstr. 3, Tel. 0 33 21/45 35, www.altstadt-cafe-nickel.de, Mo–Fr ab 8.30, Sa, So ab 9 Uhr

Kinder

Das **Erlebnis-Dorf Elstal** kurz hinter Spandau lockt mit Streichelzoo, Abenteuerspielplatz und erntefrischen Erdbeeren. Im Winter freuen sich Kinder über den kostenlosen Indoor-Spielplatz und das saisonale Programm. ▪ Döberitzer Heide 1, Elstal, Tel. 03 82 02/40 50, www.karls.de, tgl. 8–19 Uhr, Tageskarte 12 €

In der Umgebung

Ribbeck
| Dorf |

Fontanes Ballade »Herr von Ribbeck auf Ribbeck im Havelland« machte den Ort und den 150 Jahre alten Birnbaum berühmt. Letzterer allerdings wurde 1911 vom Sturm zerstört, ein neuer wurde aber längst gleich neben der Kirche gepflanzt. Unter der Kirche befindet sich die Gruft derer von Ribbeck, die seit Jahrhunderten das Dorfgeschehen prägen. Im Neobarock-Schloss befinden sich heute das Museum Ribbeck und ein Restaurant, das köstliche Birnengerichte serviert.

Das alljährliche Ribbecker Birnenfest im September ehrt die Birne mit einem Bühnenprogramm, zahlreichen Mitmachaktionen, Kunst und natürlich allerlei Kulinarischem im Deutschen Birnengarten.

▪ Schloss: Theodor-Fontane-Str. 10, Tel. 03 32 37/859 00, www.vonribbeck.de, Di–So 10–18 Uhr, Restauraunt: €€, Tel. 03 32 37/859 00, www.schlossribbeck.de, Di–Fr, So 11–18, Sa bis 22 Uhr

ADAC *Mittendrin*

Jeden Samstag und Sonntag findet das **Theater der Frische** statt. Gernot Frischling und Reimund Groß alias Jan van Damals/Friedemann van Euter führen durch den Dorfkern von Ribbeck und lassen spielerisch die Vergangenheit wieder auferstehen, ohne dabei die Gegenwart aus den Augen zu verlieren. Ein unterhaltsamer Rundgang mit ungewöhnlichen Einblicken, gewürzt mit Spielfreude und erfrischendem Humor.
www.theaterderfrische.de

Übernachten

Das Westhavelland bietet Ruhe und Entspannung sowie Sportmöglichkeiten en gros – ob mit dem Fahrrad, zu Fuß oder auf dem Wasser. Egal, ob Urlaub mit der Familie, mit Freunden oder allein, die Region mit ihren vielen Sehenswürdigkeiten und der urtümlichen Natur garantiert eine Auszeit für Körper und Geist, in der neue Kraft für den Alltag wächst. Am Abend warten dann auch entsprechend gemütliche Übernachtungsmöglichkeiten in einer fantastischen Naturlandschaft – vom Hotel am Wasser über Pensionen am Waldrand, über Bio-Ferienhäuser am See oder zentral in der Stadt.

Potsdam 18

€ | **Hotel Kranich Garni** Nahe Schlosspark mitten im Grünen und im Zentrum zugleich. Ruhige Zimmer, Dachgarten, genügend Parkplätze vor dem Haus vorhanden. ■ Kirschallee 57, Tel. 03 31/50 53 6 92, 14469 Potsdam, www.hotel-kranich.de

€ | **NH Potsdam** Im einstigen Palais Brühl und Neubau, mitten im Holländischen Viertel, komfortable Zimmer in Sand und Preußischblau, spezielle Familiensuiten. ■ Friedrich-Ebert-Str. 88, 14467 Potsdam, Tel. 03 31/231 70, www.nh-hotels.de

€€ | **Landhotel Potsdam** Lage abseits des Trubels, gemütliche und komfortabel eingerichtete Zimmer, ein Wellnessbereich ist vorhanden, nur 3 km von Sanssouci entfernt, Parkplätze am Hotel. ■ Reiherbergstr. 33, Tel. 03 31/60 11 90, 14476 Potsdam, www.landhotel-potsdam.de

€€ | **Pension am Filmpark** Moderne, großzügige und familienfreundlich eingerichtete Zimmer. Aufenthaltsraum mit Wasserkocher und Mikrowelle. ■ Großbeerenstr. 235, 14480 Potsdam-Babelsberg, Tel. 03 31/748 16 56, www.pension-am-filmpark.de

Werder 33

€€ | **Zum Rittmeister** Hübsches Ensemble aus alten sanierten Häusern und neueren Anbauten direkt an der Havel. ■ Seestr. 9, 15542 Werder, OT Kemnitz, Tel. 0 33 27/46 46, www.zum-rittmeister.de

Brandenburg/Havel 34

€ | **Sorat Hotel** Vorteilhafte zentrale Lage am Altstädtischen Markt mit fünf Familienzimmern, einem Wellnessbereich, Sauna und Fahrradverleih. ■ Altstädtischer Markt 1, 14770 Brandenburg/Havel, Tel. 03 38 11/59 70, www.sorat-hotels.com

€€ | **Gut Wendgräben** Der barocke Gutshof mit Ein- bis Dreizimmerwohnungen im Landhausstil ist als Ferienanlage ausgebaut. Die Umgebung eignet sich besonders zum Wandern und Reiten. ■ Wendgräben 19, 14776 Brandenburg/Havel, Tel. 01 72/916 27 74, www.gut-wendgraeben.de

Rathenow 38

€ | **Guthan's Landhaus** Nahe Hohennauener-Ferchesarer-See, großzügige

Zimmer im umgebauten Bauernhof, mit Feuerstelle und Grillplatz auf dem Grundstück. ■ Dorfstr. 17, 14712 Rathenow, OT Semlin, Tel. 0 33 85/544 20, www.guthans-gasthof.de

€ | **Hotel Fürstenhof** Gemütliche Zimmer, neues Mobiliar neben historischen Stücken, am Havel-Radweg. ■ Bahnhofstr. 13, 14712 Rathenow, OT Semlin, Tel. 0 33 85/55 80 00, www.hotel-fuerstenhof-rathenow.de

Kleßen bei Rathenow 38

€€ | **Schloss Kleßen** Sehr schöne Ferienwohnungen in geschmackvoll renoviertem Pfauenhaus, Storchenhaus, Lindenhaus, Haus im Luch oder auch im Herrenhaus. ■ Lindenplatz 1, 14728 Kleßen, Tel. 03 32 35/29 00 44, www.schloss-klessen.de

Ketzin 40

€ | **Gutshof** Früher bekannt als Späth'scher Gutshof. Kinderfreundlich, stilvoll und denkmalgerecht saniertes Gästehaus mit gemütlichen Zimmern. ■ Rathausstr. 3, 14669 Ketzin, Tel. 0 33 23 33/73 42 70, www.gutshof-ketzin.de

€€ | **Pension Nr. 12** Nahe Stadtzentrum und Schloss Paretz gelegene Pension. Zimmer und Wohnungen. ■ Rathausstr. 12, 14669 Ketzin, Tel. 01 52/26 26 39 13, www.pension-no-12-ketzin.de

Nauen 40

€ | **Zum Baggernpuhl** Ruhige Zimmer in ländlicher Gemeinde zwischen Wäldern und drei Seen. Freundliches Personal, Stromtankstelle. ■ Brandenburger Allee 6, 14641 Nauen, OT Wachow, Tel. 03 32 39/77 70, www.landhaus-hotel-romantik.de

€€ | **Hotel zum Lavendelhof** Helle freundlich eingerichtete Zimmer in neuem Hotel und viel Lavendel, preisgünstige Arrangements für ein Wochenende für Familien. ■ Am Schlangenhorst 21, 14641 Nauen, Tel. 0 33 21/748 75 78

ADAC *Das besondere Hotel*

Auf dem Bungalowboot **BunBo 1160 L** mit zwei Schlafzimmern, einem Wohnbereich mit Schlafcouch, Küche, Bad mit Dusche und WC findet eine ganze Familie gemütlich Platz und kann ihren Urlaub auf dem Wasser genießen. Die Terrasse kann in einen Wintergarten umgewandelt werden, wenn man will.
€ | *Große Mühlenstr 24f, 14774 Brandenburg-Plaue, Tel. 0 33 81/ 89 04 60, www.bunbo.de/hausboot/bunbo-1160l, Familienwochenende (6 Personen) ab 370 € je nach Standort und Saison*

Prignitz und Ruppiner Seenland

Endlose Biotope und ländliche Ruhe sowie viele sinnliche Plätze zum Träumen und Relaxen

In diesem Kapitel:

7 Perleberg 46
8 Bad Wilsnack 48
9 Wittstock/Dosse 49
10 Rheinsberg 52
11 Gransee 54
12 Lindow 55
13 Neuruppin 56
14 Neustadt/Dosse 60
15 Schloss Oranienburg 62
16 Kremmen 63
Übernachten 64

Die Prignitz gilt immer noch als sehr urtümliche Gegend. Die hier lebenden Menschen sind bodenständig. Mehr und mehr besinnen sie sich wieder auf Traditionen wie den Sur'n Hansen Markt in Perleberg. Sanfte Auen und Wiesen an der Elbe, die Storchenkolonie in Rühstädt in der Flusslandschaft Elbe, die Kristalltherme in Bad Wilsnack und auch die vielen Landschlösser und Burgen sind ideale Ziele für Frischluftliebhaber, Radfahrer und Wanderer. Autofahrer finden sehr gut über die Autobahnen A 24 und A 19 hierher und auch ins Ruppiner Seenland mit dem herrlichen Stechlinsee (Bild S. 45 oben). Romantische Schlösser wie in Rheinsberg am See laden zu Konzerten, Theater und Festivals ein. Und Neuruppin erinnert an Fontane, Schinkel und Preußen wie kaum eine andere Stadt. Bei Stadtführungen kann man mehr über die lebhafte Geschichte erfahren.

ADAC Top Tipp:

4 Schloss Rheinsberg
| Schloss |
Friedrich der Große verbrachte seine glücklichsten Tage in Rheinsberg. In den Jahren 1736–1740 ließ er hier einen Musenhof entstehen. In der Erzählung »Rheinsberg: Ein Bilderbuch für Verliebte« verewigte Kurt Tucholsky das Schloss.. 52

ADAC Empfehlungen:

6 Pollo Tour
| Schmalspurbahn |
Die einzige Schmalspurbahn Brandenburgs führt durch die Prignitz. Auch das Fahrrad kann in einigen der mehr als 100 Jahre alten Waggons mitgenommen werden. 47

 **Rambower Moor,
Bad Wilsnack**
| Wanderweg |

Der wunderschöne 12,5 km lange
Moorwanderweg führt durch das
Biosphärenreservat Flusslandschaft
Elbe. Zwei Aussichtstürme an der
Strecke ermöglichen den Blick aufs
Moor und den Rambower See. 47

 **Kristalltherme,
Bad Wilsnack**
| Therme |

Das schönste Badevergnügen in
bestem eisen- und jodhaltigem
Thermalsole-Heilwasser der Stadt,
zwischendurch kann man auch mal
durchs Gradierwerk laufen und
Salz atmen. 48

 Storchendorf Rühstädt
| Naturschauspiel |

Hier kann man die größte Storchenkolonie Mitteleuropas in Aktion erleben, v. a. Mitte Mai bis August, beim
abendlichen Storcheneinflug. Ein
besonderes Erlebnis! 49

 Parzival am See, Neuruppin
| Skulptur |

Die rebellische, 17 m hohe Skulptur
wurde im Jahr 1998 anlässlich der Verleihung des Namens Fontanestadt an
Neuruppin enthüllt. Sie ist ein Zeichen des Aufbruchs, für ein neues
Neuruppin ohne Garnison. 58

**Gedenkstätte Sachsen-
hausen, bei Oranienburg**
| Gedenkstätte |

Die Gedenkstätte Sachsenhausen erinnert an die 200 000 im KZ inhaftierten Menschen während der Nazizeit
und die 12 000 Toten des sowjetischen
Speziallagers nach 1945. 62

Der »Steinerne Roland« auf dem Marktplatz ist das Wahrzeichen von Perleberg

7 Perleberg

Die 800-jährige »Perle der Prignitz« mit dem Schutzpatron »Steinerner Roland«

 **Information**

■ Stadtinformation, Großer Markt 12, 19348 Perleberg, Tel. 0 38 76/78 15 22, www.stadt-perleberg.de, Mo–Sa 9.30–17.30, So 12–18 Uhr

Fast 780 Jahre zählt die Rolandstadt in der Prignitz mit dem wunderschönen, unzerstörten historischen Stadtkern und reicher Baukultur aus acht Jahrhunderten. Der Altstadtkern folgt im Grundriss dem Oval dreier Siedlungen, die ursprünglich auf mehreren Inseln des Flüsschens Stepenitz lagen. Auf einer Fläche von 400 x 600 m zieren prächtige Bürgerhäuser, Giebelhäuser (16./17. Jh.), die gotische St.-Jacobi-Kirche aus Backstein (14. Jh.), das Rathaus und das älteste Fachwerkhaus Perlebergs (1525) die Altstadt. Somit erge-

ben sich im Stadtbild heute noch viele reizvolle Blickwinkel. Nicht von ungefähr nennt man die Stadt »Perle der Prignitz«. Wahrzeichen ist der 5,40 m hohe »Steinerne Roland« auf dem Marktplatz (1498).

 Sehenswert

Stadt- und Regionalmuseum
| Museum |

Das Stadt- und Regionalmuseum (seit 1905) befindet sich in einem hergerichteten Fachwerkhaus (Beginn des 19.Jh.) und zeigt u.a. archäologische Funde aus dem Umfeld des Königsgrabes von Seddin. Das Haus diente früher als Mädchenschule, in die auch die berühmte Opernsängerin Lotte Lehmann (1888–1976) ging. Ihr zu Ehren findet alljährlich in Perleberg eine Musikwoche mit nationalen und internationalen Künstlern statt.

■ Mönchort 7–11, www.stadtmuseum-perleberg.de, Di–Fr, So 10–16 Uhr, 3,50 €, erm. 1,50 €

Judenhof
| Veranstaltungsort |

Das Gebäudeensemble ist einer der besterhaltenen Judenhöfe in Deutschland. Heute dient es als Besucher- und Informationszentrum mit vielen Veranstaltungen, die an die jüdischen Mitbegründer und Mitgestalter der Stadt erinnern. Viele Informationstafeln im Hof dokumentieren jüdisches Leben in der Stadt im Laufe der Jahrhunderte.
■ Parchimer Str. 6 a, www.stadt-perle berg.de, öffentlich zugänglich

Oldtimermuseum Perleberg e. V.
| Museum |

Das Oldtimermuseum zeigt eine auserlesene Schau von etwa 50 Fahrzeugen und zahlreiche Kuriositäten wie ein Fahrrad mit Hilfsmotor (25 cm³ Hubraum). Es kann sowohl mit Diesel, mit Benzin als auch mit Petroleum fahren. Außerdem sind Motorräder, Autos und Traktoren ausgestellt. Blickt man nach oben, entdeckt man ein Flugzeug Marke Eigenbau mit Trabantmotor, das für eine Flucht aus der DDR gebaut wurde.
■ Wilsnacker Str. 12, www.oldtimer freunde-perleberg.de, So 14–17 Uhr

Verkehrsmittel

 Pollo Tour Auf der etwa 9 km langen Strecke von Lindenberg nach Mesendorf lassen sich Bahn- und Radfahrt gut kombinieren, denn in den teilweise mehr als 100 Jahre alten Waggons der einzigen Schmalspurbahn Brandenburgs können auch Fahrräder mitgenommen werden.
■ Lindenberg 7, Groß Pankow, OT Lindenberg, Tel. 03395/760879, www.pollo.de, 7 €, erm. 4 €, Fahrrad 1 €

Parken

Kostenfrei parkt man in der Innenstadt nur auf gekennzeichneten Flächen und nur für 2 Std.

Restaurants

€€ | **Das Kranhaus** Moderne internationale Gerichte täglich anders nach dem Angebot des Marktes. Der Eigentümer Mika Drouin aus der Normandie hat dazu die besten Ideen. ■ Elbstr. 4b, Wittenberge, Tel. 03877/402050, www. kranhaus.de, Mi–So 12–14.30, ab 18 Uhr

€€ | **Deutscher Kaiser** Brandenburger Gastlichkeit im Zentrum, stilvolle internationale Küche. ■ Bäckerstr. 18, Tel. 03876/791 40, www.hoteldeutscher kaiser.de, tgl. ab 11 Uhr

€€ | **Neue Mühle** Alle Speisen werden aus frischen Produkten zubereitet. Regionale Küche, etwa Knieperkohl. Auch Kaffee, Kuchen und Eis. ■ Neue Mühle 3, Tel. 03876/301010, www.cara vanhafen.de, Di–So ab 11 Uhr

In der Umgebung

Rambower Moor, Karstädt
| Wanderweg |

12,5 km langer, außergewöhnlich schöner Moorwanderweg

Tafeln am ausgeschilderten Wanderweg im Biosphärenreservat Flusslandschaft Elbe informieren über die Lebensräume seltener Orchideen- und Libellenarten. Zwei Aussichtstürme an der Strecke ermöglichen einen weiten Blick übers Moor und den Rambower See. Im Herbst, wenn in den frühen Abendstunden Gänse und Kraniche zu Tausenden ihre Schlafplätze aufsuchen, ist es hier besonders schön.
■ www.gemeinde-karstaedt.de

8 Bad Wilsnack

*Heilsame Kuren und viel Grün
in ländlicher Ruhe*

 Information

■ Stadtinformation, Bahnhof 1, 19336
Bad Wilsnack, Tel. 03 87 91/26 20, www.
bad-wilsnack.de, Mo–Fr 10–13 und
13.30–18, Sa 10–14 Uhr

Bad Wilsnack ist seit 1383 einer der
wichtigsten Wallfahrtsorte Mitteleuropas. Drei Hostien, die einen Kirchenbrand unbeschadet, aber mit Blutflecken überstanden hatten, wurden bis
1552 zum Pilgerziel Nordeuropas. Geblieben ist der 119 km lange Pilgerweg
Berlin–Wilsnack, der 2006 in Anlehnung an historische Wege wiederbelebt wurde. Ihre außergewöhnlich
gesunde Luft verdankt die Stadt übrigens den ausgedehnten Kiefernwäldern ringsum. Nachdem im Jahr 1906
eisenoxidhaltige Moorerde entdeckt
wurde, entwickelte sich die Stadt zu
einem beliebten Moorheilbad.

 Sehenswert

St. Nikolaikirche

| Kirche |

Die Wunderblutkirche St. Nikolai mit
farbenprächtigen Chorfenstern, Wunderblutschrein und Wunderblutfundstein ist besonders. Denn die gotische
Backsteinhalle weist ungewöhnliche
Eigenheiten auf: unsymmetrische Formen und der unvollendete Bau des
Langhauses. Von außen wirkt die Kirche wie ein gedrungener Torso.

■ Große Str. 55, www.wunderblutkirche.
de, April–Sept. Mo–Sa 10–18, So 11–18,
Okt.–März bis 16 Uhr

Stadtparks

| Parks |

Schlosspark (Goethepark), Stadtpark
(Birkengrund), Kurpark an der Kurklinik
und Mühlendammpark am Karthanelauf laden zu ausgedehnten Spaziergängen ein. Im Kurpark mit drei Gärten
kann man den Naturgarten ansehen
und den Aussichtsturm besteigen
oder die Fitness- und Bewegungsgeräte im Freizeitgarten. Außerdem gibt
es im Freizeitgarten eine Beachvolleyballanlage. Sensationell: Auf jeden
Einwohner der Stadt kommen sage
und schreibe 100 m² Grünfläche!

■ www.bad-wilsnack.de

Kristalltherme

| Therme |

 *Viel Spaß und Sport im
Thermalsole-Heilwasser*

In der Kristalltherme gibt es vier Innen-
und drei Außenbecken mit eisen- und
jodhaltigem Thermalsole-Heilwasser.
Einmalig in Brandenburg ist der
24 %-ige Salzsee, in dem man wie im
Toten Meer schwerelos auf dem Wasser schweben kann, und der Gang
durch das etwa 50 m lange Gradierwerk, eine Anlage zur Salzgewinnung.
Es ist das erste in Brandenburg und
öffentlich zugänglich.

■ Am Kähling 1, www.kristalltherme-
bad-wilsnack.de, So–Do 9–22, Fr, Sa
9–23 Uhr, 2 Std. 12,50 €, erm. 2–7,60 €

 Restaurants

€ | **Burgkeller Plattenburg** Leckere
Ritterspeisen im speziellen, mittelalterlichen Flair der Wasserburg nahe
Bad Wilsnack. ■ Auf der Burg 1, Plattenburg, Tel. 03 87 91/56 82 25, www.burg
keller-plattenburg.de, April–Okt. Mi–So
11–22, Nov.–März Fr–So 11–22 Uhr

Kirchenschiff und Chor der Wunderblutkirche St. Nikolai in Bad Wilsnack

 In der Umgebung

Storchendorf Rühstädt

| Naturschauspiel |

Größte Kolonie der schwarz-weiß gefiederten Vögel in Mitteleuropa

Die Elbe gilt als einer der letzten naturnahen Flüsse Mitteleuropas und gehört zum UNESCO-Biosphärenreservat Flusslandschaft Elbe. Es reicht über fünf Bundesländer und ist 400 km lang. 70 km davon liegen in Brandenburg mit dem schönsten Naturwunder 2014 – das Rambower Moor (S. 47) und das Europäische Storchendorf Rühstädt. Mehr als 30 Storchenpaare nisten hier jährlich. Das Besucherzentrum zeigt dazu eine NABU-Ausstellung zu Weißstörchen.

■ Neuhausstr. 9, Rühstädt, Tel. 03 87 91/980 25, www.besucherzentrum-rueh staedt.de, April–Sept. Di–So 10–18 Uhr, Okt.–März nach Anmeldung, 1,50 €, erm. 0,50 €, Familie 3,50 €

9 Wittstock/Dosse

Wo man sich heute an den Dreißig-jährigen Krieg erinnert

i **Information**

■ Tourist-Info, Walter-Schulz-Platz 4, 16909 Wittstock/Dosse, Tel. 0 33 94/43 34 42, www.wittstocker-land.de, Mo–Fr 10–13 und 13.30–18. Sa 10–14 Uhr

Wittstock, 946 noch slawische Siedlung, ist eine der ältesten Städte Brandenburgs (1248) und war 1271–1548 Wohnsitz der Bischöfe von Havelberg. Auf der Alten Bischofsburg ist ein Museum eingerichtet, das über die Bischofszeit, die Schlacht im Dreißigjährigen Krieg gegen die Schweden (1636), über die Pest (1638) und Napoleon berichtet, der die Stadt 1812 zur Festung erklärte. Es besteht eine Partnerschaft mit der Stadt Höganäs.

Das Rathaus (ursprünglich von 1274) erlebte eine Geschichte zahlreicher Um- und Neubauten. Gerichtslaube, Kellergewölbe und Nordgiebel aus früheren Zeiten blieben erhalten. Besonders schön sind die Terrakotten in der Gerichtslaube (wohl von 1530) und eine alte Sonnenuhr. Im Gästebuch stehen die Namen des schwedischen Königshauses. Gröpener Stadttor, Heilig-Geist-Kirche, St. Marien mit spätgotischem Flügelaltar und Wittstocker Madonna aus Sandstein und der Schwedenstein erinnern an die mittelalterliche Stadtgeschichte.

Die Stadtmauer (1244) ist insgesamt 2435 m lang. Außer einem kleinen Feldsteinsockel im Norden besteht sie vollkommen aus Backsteinen im Klosterformat. Das ist in Deutschland einmalig. Von den ursprünglichen 9–11 m Höhe existieren noch 4–8 m. Auch drei Wehrtürme und 40 Wiekhäuser blieben der historischen Altstadt erhalten. Nach der Wende wurde das architektonische Kleinod von Grund auf saniert.

◉ Sehenswert

Alte Bischofsburg
| Museen |

Das erste Museum dieser Art deutschlandweit verbindet Historie (Museum Dreißigjähriger Krieg) und Gegenwart der Ostprignitz (Ostprignitzmuseum) auf neue Weise. Der Aufstieg im 32 m hohen Turm der Burganlage ähnelt einer Zeitreise über sieben Etagen. Originalstücke wie Jaques Callots gro-

Aussichts- und Gedenkplattform zur Schlacht bei Wittstock 1636

ßer und kleiner Zyklus der Kriegsübel, die erste illustrierte Gesamtausgabe des Simplicissimus und historische Waffen wie originale Kriegskasse und ein Pestfloh bereichern die Ausstellung. Ein Spaziergang durch die gesamte Burganlage lohnt sich.

■ Amtshof 1, www.mdk-wittstock.de, Mai–Aug. Di–Do 9–17, Fr 9–15, Sa, So 11–16.30, Sept.–April Di–Do 9–16, Fr 9–14, Sa 13–16, So 11–16.30 Uhr, Alte Bischofsburg inkl. Museen 4,50 €, erm. 1–3 €, Audioguide 2 €, Kombiticket mit Aussichts- und Gedenkplattform zur Schlacht bei Wittstock 1636 5,50 €, erm. 2 €

Aussichts- und Gedenkplattform zur Schlacht bei Wittstock 1636
| Gedenkstätte |
Das detailgetreue Panorama auf dem Bohnekamp erinnert an eine der größten und grausamsten Feldschlachten des Dreißigjährigen Krieges im Jahr 1636 am Scharfenberg nahe Wittstock. 8000 Söldner aus ganz Europa verloren hier ihr Leben. Auf Informationstafeln sind Schlachtverlauf, Ursachen und Folgen des Krieges erläutert.

■ Bohnekampweg, www.wittstock.de, April–Okt. Mi–So 13–17 Uhr, 3 €, erm. 1 €, Kombiticket mit Museum Dreißigjähriger Krieg 5,50 €, erm. 2 €

 In der Umgebung

Archäologischer Park Freyenstein
| Freiluftausstellung |
Hier befand sich einst eine Siedlung aus dem 13. Jh. Unter der Erdoberfläche liegen u.a. Mauerreste und Keller versteckt. Informationstafeln erläutern, wo Burg, Marktplatz und Häuser standen und wie die Straßen verliefen.

■ Marktstr. 48, Wittstock/Dosse, OT Freyenstein, Tel. 03 39 67/600 57, www.park-freyenstein.de, April–Okt. Di–Fr 11–17, Sa, So 13–17 Uhr, Führungen mit Audioguide 4,50 €, erm. 2,50–3,50 €, ohne Audioguide 3 €, erm. 1,50–2 €

Kloster Stift zum Heiligengrabe
| Kloster |
Eine 50 km lange Klosterroute zwischen Wittstock und Pritzwalk führt auch zum Kloster Stift zum Heiligengrabe. Die fast vollständig erhaltene, 700 Jahre alte Zisterzienserinnen-Klosteranlage, später Ev. Damenstift, ist heute wieder Ort einer Frauengemeinschaft. Sehenswert sind Heiliggrabkapelle und Stiftskirche, Abtei mit Kreuzgang und Museumsräume sowie der barocke Damenplatz und der Kräutergarten. Angeschlossen ist das Restaurant Klosterhof: Dort werden heimische und regionale Produkte köstlich mit frischen Wildkräutern zubereitet. Mit Außenterrasse und Blick auf das Klostergelände

■ Stiftgelände 1, Heiligengrabe, Tel. 03 39 62/80 80, www.klosterstift-heiligengrabe.de, Feb. Sa, So 11–16, März, Okt.–Dez. Di–So 11–16, April–Sept. Di–So 11–17 Uhr, Restaurant: €€, Tel. 03 39 62/509 26, www.klosterhof-heiligengrabe.de, Di–Sa 12–21 und So 12–17 Uhr

Blumenthaler Turm
| Aussichtsturm |
Höchster hölzerner Aussichtsturm Deutschlands (44,65 m), erbaut 2003/2004 auf Initiative der einheimischen Bevölkerung und mit 3200 freiwilligen Arbeitsstunden. Nach 157 Stufen ist die Plattform in 36,40 m Höhe erreicht, und man blickt über die Ost-Prignitz.

■ Autobahnabfahrt Pritzwalk/Wittstock (A 19, A 24) Richtung Heiligengrabe-Blumenthal, Tel. 03 39 84/718 72, www.blumenthaler-aussichtsturm.de

Im Blickpunkt

Naturpark Stechlin-Ruppiner Land

Herrliche Buchenwälder, intakte Moore mit einem 12 km langen Holzweg-Pfad, klare Seen, Rheinsberger Rhin und Obere Havel machen diesen reiz- und geheimnisvollen Landstrich aus. Historische Städte wie Rheinsberg, Lindow (Mark), Gransee und Wittstock liegen dazwischen und erzählen ihre Geschichte. Im Mittelpunkt breitet sich – naturbelassen – der wunderschöne Stechlinsee aus. Er besitzt eine Sichttiefe von 11 m. Private Boote sind hier nicht erlaubt, Baden ist nur an ausgeschilderten Plätzen möglich.

Von den Städten Neuglobsow oder Dagow aus lässt es sich am besten in den 412 ha großen Naturpark starten. Ein Besuch der einstigen Globsower Waldglashütte mit ihren liebevoll restaurierten Glasmacherhäusern, die über 230 Jahre alt sind, wird hier zum besonderen Erlebnis.

V. a. Kinder sind begeistert vom NaturParkHaus Stechlin mit seiner interaktiven Ausstellung und dem schönen Garten.

NaturParkHaus: Kirchstr. 4, 16715 Stechlin, OT Menz, www.naturpark haus.de, Okt.–April Mo–Fr 10–16, Sa, So 11–16, Mai–Sept. bis 17 Uhr, 4 €, erm. 2 €, bis 6 J. frei

Glasmacherhaus: Stechlinseestr. 21, 16775 Stechlin, OT Neuglobsow, www.stechlin.de, Juli, Aug. tgl. 10–16 Uhr, sonst kürzer, Nov.–April Mo, Di geschl. 2,50 €, erm. 1,50 €

10 Rheinsberg

Für Romantiker und Opernfans ist ein Besuch der Stadt ein Muss

 Information

■ Tourist-Info, Mühlenstr. 15, 16831 Rheinsberg, Tel. 03 39 31/349 40, www.rheinsberg.de, April–Okt. Mo–Do 10–17, Fr, Sa 10–18, So 10–16, Nov.–März Mo–Do 10–16, Fr 10–17, Sa 10–13 Uhr

Die kleine märkische Stadt verzaubert immer wieder aufs Neue mit ihren vielen romantischen Orten. Herzstück der Altstadt ist das Rheinsberger Schloss direkt am Grinericksee. Hier soll Friedrich II. seine glücklichsten Tage als Kronprinz verbracht haben, ehe er 1740 den preußischen Thron bestieg. 1736–1740 ließ er auf dem Schloss einen Musenhof entstehen, der preußische Gelehrte, Künstler und Musiker an den Ort zog. Seine Berühmtheit verdankt Rheinsberg und sein Schloss auch Kurt Tucholsky, der es in seiner Erzählung »Rheinsberg: Ein Bilderbuch für Verliebte« verewigte.

 Sehenswert

Schloss Rheinsberg
| Schloss |

 Von außen wie innen eine wahre Augenweide

Ursprünglich war das Schloss eine Wasserburg mit nur einem Turm, später dann Musenhof und noch später Klinik. Heute ist es Sitz des Tucholskymuseums. Dieses zeigt neben Briefen und Manuskripten des Autors auch wechselnde Ausstellungen. Lesungen finden hier ebenfalls statt. Originale Raumdekorationen (friderizianische

Das herrlich gelegene Schloss Rheinsberg begeisterte bereits Fontane und Tucholsky

Zeit um 1740), darunter der prächtige Spiegelsaal, der Muschelsaal von 1762 und das chinesische Lackkabinett sind hier zu bewundern.

■ Mühlenstr. 1, www.spsg.de, April–Okt. Di–So 10–18, Nov–Dez. Di–So 10–17 Uhr, Einzelpreis 8 €, erm. 6 €, Familie 15 €, Kombiticket für Schloss und Tucholsky-museum 10 €, erm. 7 €,

 Parken

Gebührenpflichtig parkt man tgl. von 9–18 Uhr. In **Zone I** sind die ersten 30 Min. gratis, jede weitere Std. kostet 2 € (Seestraße zwischen Königstraße und Lange Straße, Seestraße zwischen Königstraße und Grienericksee, Kurt-Tucholsky-Straße, Markt, Kirch-straße). In **Zone II** parkt man für 1,30 €/ Std., Tagesticket 8 € (Menzer Straße/ Ecke Am Stadion, Multifunktionsplatz, Rosenplan).

 Restaurants

€ | **Zum jungen Fritz** Feinste Haus-mannskost. ■ Schlossstr. 8, Tel. 03 39 31/21 68, www.junger-fritz.de, Fr–Di ab 11 Uhr

 Bühne

Das **Schlosstheater** zeigt Bühnen-werke aus der Prinz-Heinrich-Zeit, mit neuen Kompositionen in Wiedergabe-formen des 21. Jh. ■ Schlossanlage, Tel. 03 39 31/721 11, www.schlosstheater-rheinsberg.de

 Events

Beim **Internationalen Festival junger Opernsänger** kann man im Schloss Rheinsberg aufstrebenden Talenten lauschen. ■ www.kammeroper-schloss-rheinsberg.de, Mitte Juni–Mitte Aug.

Gransee

Historischer Stadtkern und 1750 m erhaltene Stadtmauer

Information

■ Tourist-Info, Rudolf-Breitscheid-Str. 44, 16775 Gransee, Tel. 0 33 06/216 06, www.gransee-info.de, Di–Fr 10–16, Sa, So 12–16 Uhr

Gransee begeistert vielleicht nicht sofort, aber spätestens auf den zweiten Blick: etwa, wenn der Stadtführer im historischen Kostüm durch die Stadt und ihre Geschichte führt. Die mittelalterliche Stadtmauer, Wiekhäuser, das Ruppiner Tor und der Pulverturm, ein ehemaliges Franziskanerkloster, das Rathaus, die Pfarrkirche St. Marien und der Schinkelplatz mit dem Luisendenkmal lohnen sich anzusehen.

Das Ruppiner Tor im Westen Gransees stammt aus der ersten Hälfte des 15. Jh.

Sehenswert

Heimatmuseum
| Museum |

Im ehemaligen Hospital St. Spiritus (1340) untergebracht, zeigt das Museum heute u.a. liebevoll gestaltete Schaukästen und ein Stadtmodell von 1930, einen Königin-Luise-Salon und ein Siechenzimmer aus Zeiten des Hospitals. Der Dachboden des Gebäudes wurde um die Granseer Stadtgeschichte erweitert. Wie hier werden auch im Stadttor und im Pulverturm Ur- und Frühgeschichte, bäuerliches Leben sowie Handwerks- und Alltagsgeschichte im Altkreis Gransee thematisiert.

■ Rudolf-Breitscheid-Str. 44, www.gransee-info.de, Di–Fr 10–16, Sa, So 12–16 Uhr

Kinder

Ziegeleipark Mildenberg Auf dem 40 ha großen Gelände des Ziegeleiparks Mildenberg, wo bis 1991 Milliarden von Ziegeln gebrannt wurden, kann man auf den Spuren der Ziegel wandern, mit der Ziegeleibahn fahren oder in den Ferien den Ziegeleibahn-Führerschein machen (ab 6 J.). Auch vorhanden sind ein Abenteuerspielplatz mit Riesenrutsche, Schaukeln, Buddelberg und Go-Karts zum Ausleihen sowie das Restaurant Alter Hafen: direkt im Ziegeleipark an der Havel mit Terrasse. Köstliche Gerichte mit frischem Fisch, Fleisch und Ziegenkäse aus der Region. ■ Ziegelei 10, 16792 Zehdenick, OT Mildenberg, Tel. 033 07/ 31 04 10, www.ziegeleipark.de, April–Anfang Nov. tgl. 10–18 Uhr, 8 €, erm. 4 €; Restaurant: €, Tel. 033 07/30 18 70, www. gasthaus-alter-hafen.de, Ostern–Okt. tgl. 8–22, Nov.–Ostern Sa, So 11–21 Uhr

Lindow

Im Naturpark Stechlin-Ruppiner Land gelegene Stadt mit drei Seen

i Information

■ Tourist-Info, Am Marktplatz 1, 16835 Lindow (Mark), Tel. 0 33 06/216 06, www. gransee-info.de, Sa–Mo 10–14, Di, Fr 10–16 Uhr

Schon Theodor Fontane war von Lindow begeistert und beschrieb die Stadt liebevoll in seinem Reisebuch »Wanderungen durch die Mark Brandenburg«. Als staatlich anerkannter Erholungsort macht sie heute diesem Namen alle Ehre. Die Stadt der drei Seen – Wutzsee, Gudelacksee und Vielitzsee – ist ein Juwel unter den Kleinstädtchen der Mark. Markant sind die historischen Türen und originale Holztore, die als große Durchfahrten für einstige Fuhrwerke dienten.

Sehenswert

Stadtkirche

| Kirche |

Markant ist der 36 m hohe Turm des schlichten barocken Bauwerks (1457). In den Jahren 1751–1755 neu erbaut, steht hier die berühmte Sauer-Orgel (um 1900). Als eine der schönsten Kirchen der Mark begeistern ihre Bleiglasfenster mit den Motiven Kreuzigung und Auferstehung Jesu. Die Kirche weist zwei Ungewöhnlichkeiten auf: Der Turm befindet sich nicht wie üblich auf der Westseite, sondern weist gen Osten. Zudem steht die Kanzel in der Mitte anstatt seitwärts.
■ Str. des Friedens 77, www.kirchen gemeinde-lindow.de

Restaurants

€€ | **Klosterblick** Sehr gutes Essen, mittwochs und donnerstags wird fangfrischer Fisch serviert, auch auf der Terrasse direkt am See. Zudem wird Kaffee und Kuchen angeboten. ■ Am Wutzsee 53, Tel. 03 39 33/89 00, www. klosterblick-lindow.de, Fr–Di 8–18 Uhr

€€ | **Ratskeller Lindow** Auf der Speisekarte steht ein Mix aus moldawischen und märkischen Gerichten. Alles wird hier aus frischen Zutaten zubereitet. Das Angebot reicht von Wareniki bis zu Rouladen. ■ Str. des Friedens 21, Tel. 03 39 33/709 02, www.ratskeller-lindow. de, tgl. 11–24 Uhr

Konzerte

Zu den alljährlichen **Lindower Sommermusiken** Ende Juni bis Ende August gastieren jeden Samstag um 20 Uhr hochkarätige Musiker in der barocken Lindower Stadtkirche. Nach dem Abschlusskonzert treffen sich alle mit den Künstlern auf dem Hof des Gemeindehauses und feiern. Die Konzerte sind kostenfrei. ■ Infos unter Tel. 03 39 33/702 96, www.kirchengemeinde-lindow.de

ADAC *Mobil*

Die Ferienstraße **Deutsche Alleenstraße** (seit 1992) bringt Verkehr und Natur in Einklang. Initiatoren dieses Projekts: ADAC, Deutscher Tourismusverband und Schutzgemeinschaft Deutscher Wald. Sie führt 2900 km von der Ostsee durchs Ruppiner Land bis zum Bodensee. Die Reise auf dieser Strecke ist ein echtes Naturerlebnis.

13 Neuruppin

Perle des Klassizismus am Ruppiner See

![Klosterkirche St. Trinitatis und Skulptur Parzival am See in Neuruppin]

Klosterkirche St. Trinitatis und Skulptur Parzival am See in Neuruppin

 Information

■ Tourismus-Service BürgerBahnhof GmbH, Karl-Marx-Str. 1, 16816 Neuruppin, Tel. 0 33 91/454 60, www.tourismus-neuruppin.de, Mai–Sept. Mo–Fr 8–18, Sa 8–16, So 10–17, Okt.–April Mo–Fr 8–16, Do bis 18, Sa 8–13, So 14–17 Uhr
■ Parken siehe S. 59

Neuruppin gilt als die preußischste aller Städte des einstigen Königreichs und ist ein einziges frühklassizistisches Baudenkmal. Auf dem Neuruppiner Stadtmauerweg kann man alle Bauepochen verfolgen. Reste der mittelalterlichen Stadtmauer befinden

sich noch im Grüngürtel der Stadt. Über 300 Jahre prägte das Militär die Stadt. Friedrich der Große war hier sogar als Kronprinz Regimentskommandeur. Zur Stadt gehören aber auch der Schriftsteller Theodor Fontane und der Baumeister Friedrich Schinkel, die hier geboren wurden.

 Sehenswert

 Fontane-Denkmal
| Denkmal |
Zwei der wichtigsten Söhne der Stadt setzte die Stadt ein Denkmal. Der Entwurf für das Theodor-Fontane-Denkmal auf dem Fontaneplatz stammt

Plan
S. 59

■ Präsidentenstr. 64, April–Okt. 9–20, Nov.–März 9–17 Uhr

③ Museum Neuruppin
| Ausstellung |
Seit 2015 lädt das Museum im klassizistischen Bürgerhaus am Tempelgarten ein, die Geschichte der Stadt zu erkunden. Zu dieser gehören natürlich der Dichter Fontane, Baumeister Schinkel und Orientexperte Gentz, die hier in der Ausstellung präsent sind. Der benachbarte Tempelgarten gehört zum Gesamtkonzept des Museums.
■ Aug.-Bebel-Str. 14–15, www.museum-neuruppin.de, April–Sept. Di–So 10–17, Okt.–März Di–Fr 11–16, Sa, So 10–16 Uhr, 5 €, unter 18 J. frei, Familie 8 €

④ Altes Gymnasium
| Fassade |
Es ist das zentrale Gebäude der Altstadt (von 1790) auf dem mittleren der drei Stadtplätze. Hier gingen Karl Friedrich Schinkel, Theodor Fontane und Wilhelm Gentz zur Schule. Heute sind in diesem frisch sanierten Haus die Kreismusikschule, die Jugendkunstschule, die Stadtbibliothek, die Theodor Fontane Gesellschaft und der Campus Neuruppin untergebracht.
■ Am Alten Gymnasium 1–3, www.altes-gymnasium-neuruppin.de

⑤ Klosterkirche St. Trinitatis
| Kirche |
Die Klosterkirche ist die größte Kirche der Stadt, ältestes Bauwerk und Wahrzeichen. Zusammen mit dem zugehörigen Dominikanerkloster entstand sie 1246 am Ruppiner See und ist auch von

von Bildhauer Max Wiese. Als Modell diente Fontanes Sohn Friedrich. Es zeigt den Dichter in Bronze, sitzend auf einer Granitbank.

② Tempelgarten
| Garten |
Die Anlage stammt aus der Neuruppiner Zeit des Kronprinzen Friedrich. Diesen Amaltheagarten schuf Baumeister Georg Wenzeslaus von Knobelsdorff als sein Erstlingswerk (1732). Für die heutige orientalisch-maurische Gestalt sorgte die Kaufmannsfamilie Gentz (ab 1853). Seit 1995 in Stadtbesitz, steht die gründlich sanierte Anlage den Besuchern wieder täglich offen.

Im Blickpunkt

Baumeister: Das Universalgenie Schinkel

Wie kaum ein anderer gestaltete das Allround-Genie Karl Friedrich Schinkel (geb. 1781 in Neuruppin, gest. 1841 in Berlin) das Aussehen Preußens. Er wirkte als Baumeister, Maler, Designer, Bühnenbildner und Volkserzieher und setzte Denkmale, die heute Städte und Landschaften bestimmen. Bauwerke wie Schloss Charlottenhof, die Kirche St. Nikolai oder der Pfingstberg in Potsdam und Schloss Neuhardenberg tragen seine unnachahmliche Handschrift. Aber auch die Kirchen in Straupitz/Spreewald, Wuthenow und Großbeeren entstammen seinen Ideen. Sogar das gotische Denkmal zur Erinnerung an die Aufbahrung der toten Königin Luise von Preußen (1810) in Gransee ist ein Schinkelwerk.

wunderschönen Grünflächen umgeben. Durch einen Brand im Mittelalter zerstört, wurde sie von 1836–1841 rekonstruiert. Die Bauarbeiten leitete Karl Friedrich Schinkel.

■ Niemöllerplatz, Anmeldung zu Führungen unter Tel. 0 33 91/40 07 39, www.kirchenkreis-wittstock-ruppin.de, nur zu Gottesdiensten und Veranstaltungen geöffnet

Parzival am See
| Skulptur |
 Antiritter an der Strandpromenade des Ruppiner Sees

Die 17 m hohe Stahlskulptur von Matthias Zágon Hohl-Stein steht seit Verleihung des Namens Fontanestadt 1998 als Zeichen des Aufbruchs, für eine Stadt ohne Garnison. Der Künstler knüpfte an ein Epos des mittelalterlichen Dichters Wolfram von Eschenbach an. Der Parzival als Antiritter, mit Windrad und Arche in den Händen, gilt als Symbol des Überlebens.

■ www.neuruppin.de

⑦ Predigerwitwenhaus
| Architektur |

Hier fanden einst verarmte Frauen und Kinder verstorbener Geistlicher eine neue kostenlose Heimstatt. Mitte des 19. Jh. betraf das auch Fontanes Mutter und Schwester, da sich Emilie Fontane von ihrem Mann Louis Henry getrennt hatte. Das um 1735 erbaute Fachwerkhaus ist heute Sitz der Karl-Friedrich-Schinkel-Gesellschaft.

■ Fischbänkenstr. 8

⑧ Schinkel-Kirche
| Kirche |

Die Schinkel-Kirche im Neuruppiner Ortsteil Wuthenow ist eine Normalkirche im spätklassizistischen Stil mit

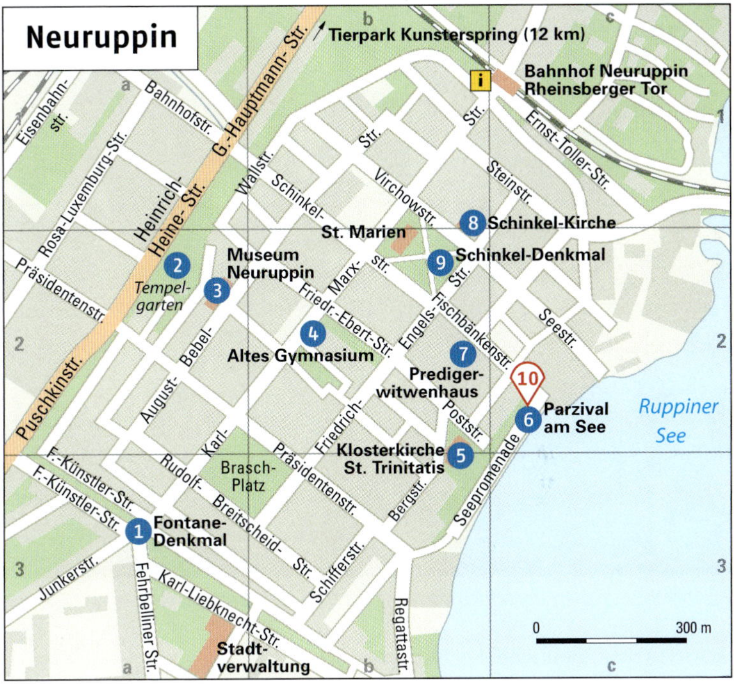

Neuruppin (map)

Neuruppin

Tierpark Kunsterspring (12 km)

Bahnhof Neuruppin
Rheinsberger Tor

St. Marien

8 Schinkel-Kirche

Museum
Neuruppin

9 Schinkel-Denkmal

2

Tempel-
garten

3

Altes Gymnasium

4

Prediger-
witwenhaus

7

10

Parzival
am See

6

*Ruppiner
See*

Klosterkirche
St. Trinitatis

5

Brasch-
Platz

Fontane-
Denkmal

1

Stadt-
verwaltung

0   300 m

Turm (1836/1837). Anders als bei früheren Sakralbauten wurde auf die Ost-West-Ausrichtung verzichtet. Sie steht parallel zur Dorfstraße. Die Anordnung von Altar, Taufe und Kanzel entspricht dem Verständnis Schinkels vom Gleichgewicht der Predigt, Liturgie und Sakrament. Der erhöhte Altar besteht nur aus einer Mensa (Platte) auf einem ziemlich hohen Podest.

■ Virchowstr. 13, www.kirchewuthenow.de

9 Schinkel-Denkmal

| Denkmal |

Max Wiese schuf auch das Denkmal (1983) des großen Baumeisters Karl Friedrich Schinkel, der wie Fontane in Neuruppin geboren wurde und 13 Jahre hier lebte. Es steht auf dem Kirchplatz hinter der Pfarrkirche, die übrigens heute Veranstaltungszentrum der Fontanestadt ist.

■ Kirchplatz hinter der Pfarrkirche, Virchowstr. 41

Parken

Kostenlos in der Ernst-Toller-Str., ca.140 Pkw-Plätze, dicht am Rheinsberger Tor am Rande des Stadtzentrums.

Restaurants

€€ | **Rosengarten** Bürgerliche Küche und gepflegte Gastlichkeit im historischen Stadtkern. ■ Wichmannstr. 8, Tel. 03391/659 06 00, www.gaststaetterosengarten.de, Mo–Sa 10–24, So 9–24 Uhr, Plan S. 59 b2

Alljährlich im September finden die Neustädter Hengstparaden statt

€€€ | **Parzival** Deutsche Küche am Neuruppiner See. ■ An der Seepromenade 20, Tel. 03 38 91/403 50, tgl. 6.30–22 Uhr, Plan S. 59 c2

 Einkaufen

Antiquariat »Ruppiner Lesezeichen« 20 000 Büchern aller Genres für jeden Bücherwurm in einem Geschäft. ■ Wichmannstr. 2, Tel. 0 33 91/40 24 53, Mo–Fr 8.30–18, Sa 10–12 Uhr, www.ruppiner-lesezeichen.de, Plan S. 59 a2

Kinder

Die Fütterung der europäischen Fischottern im **Tierpark Kunsterspring** ist ein Erlebnis: tgl. um 11 und 15 Uhr. ■ Kunsterspring 4, Tel. 03 39 29/702 71, www.tierpark-kunsterspring.com, April–Sept. tgl. 9–19, Okt.–März 9–17 Uhr, 5 €, erm. 2,50 €, Plan S. 59 nördl. b1

 In der Umgebung

Skulpturenwanderweg Der 4,5 km lange Weg führt rund um den Dagowsee. Elf kunstvolle Holzplastiken säumen die Strecke. Das von der EU finanzierte Projekt entstand gemeinsam mit der Waldarbeitsschule Kunsterspring während der Internationalen Kunstsymposien (2014/2016). ■ www.naturschutzfonds.de

14 Neustadt/Dosse

Hoch zu Ross durch die herrliche Landschaft der Prignitz

 Information

■ Tourist-Information Neustadt/Dosse, Tankstelle Bahnhofstr. 6, 16845 Neustadt/Dosse, www.neustadt-dosse.de, Mo–Sa 10–16 Uhr

In Neustadt/Dosse dreht sich alles um Pferdetourismus und Pferdezucht. Die wunderschöne Landschaft der Prignitz kann man von hier aus also auch hoch zu Ross erkunden.

 Sehenswert

Gaswerk

| **Industriedenkmal** |

Highlight im letzten original erhaltenen Gaswerk (1920) Nordeuropas sind die sechs waagerecht liegenden Retorten, in denen bis 1980 aus Steinkohle Stadtgas erzeugt wurde. Heute sind technische Geräte der Gastechnik zu sehen: Teerabscheider, Schwefelreiniger, Teleskop-Gasbehälter, Gaszähler und eine beheizbare Badewanne.

■ Havelberger Str. 25, www.gaswerk-neustadt.de, Di–Fr 10–16 Uhr, Sa, So nach Anmeldung, 2 €, erm. 1 €

 Restaurants

€ | **Ritterhof Ritterbutze** Deftige große und kleinere hausgemachte Speisen im Ambiente des einstigen Rtterhofs. ■ Kampehl 25, Tel. 0 39 70/138 54, www.ritterhof-kampehl.de, tgl. ab 11.30 Uhr

 Events

Während der **Neustädter Hengstparaden** wird auf dem Brandenburgischen Haupt- und Landgestüt im September die Hohe Schule des Reitens und Gespannfahrens mit heißblütigen Pferden präsentiert. Sie stehen für das 230-jährige Gestüt und ziehen Zuschauer in ihren Bann. Vor dem Beginn dürfen Besucher hinter die Kulissen schauen. ■ Havelberger Str. 20, Tel. 03 39 70/502 95 33, www.neustaedter-gestuete.de, Stegplätze 4 €, erm. 2 €

 In der Umgebung

Ritter Kahlbutz

| **Mumie** |

Die Begegnung mit dem mumifizierten Leichnam des Ritters (gest. 1702) an der Dorfkirche im Ortsteil Kampehl ist etwas gruselig. Im Streit um das Recht der ersten Nacht soll er einen Bräutigam erschlagen haben. Sollte er schuldig sein, wollte er nicht verwesen. An der Erklärung für die Mumifizierung scheitert die Wissenschaft bis heute.

■ Kampehl 29 c, Tel. 03 39 70/132 65, www.kalebuz.de, März–April, Okt.–Nov. Fr–So 11–16, Mai Do–So 11–16, Juni–Sept. Mi–So 11–16 Uhr, 3 €, erm. 1 €

Im Blickpunkt

Schriftsteller: Von Fontane bis de Bruyn

Der 1819 in Neuruppin geborene Theodor Fontane ist einer der wichtigsten Vertreter des Realismus und spiegelt wie kaum ein anderer in der Literatur Preußen wider. »Effi Briest« und »Wanderungen durch die Mark Brandenburg« haben ihn berühmt gemacht. Auch Gerhart Hauptmann lebte mehrere Jahre in Erkner. Achim von Arnim schrieb auf dem Gut Wiepersdorf, Gottfried Benn in Pritzwalk und Ehm Welk in Biesenbrow bei Angermünde. Auch Brecht, die Strittmatter(s) oder Günter de Bruyn zog es ins Brandenburgische und gelten heute als Inbegriff märkischer Literatur. Nicht zuletzt auch Jurij Koch aus Cottbus, der mit seinen sorbischen Wurzeln neue Akzente setzte.

15 Schloss Oranienburg

Auch die Oranier kommen zu Besuch ins Brandenburgische

 Information

■ Tourist-Info, Schlossplatz. 2, 15515 Oranienburg, Tel. 033 01/600 81 10, www.tourismus.neuruppin.de, Mo–Fr 10–18, Sa 9–18, So 10–16 Uhr
■ Schlossplatz 1, www.spsg.de, April–Okt. Di–So 10–18, Nov.–Dez. Di–Fr 10–16, Sa, So 10–17 Uhr, 6 €, erm. 5 €; Park: 1,50–3 €, erm. 1–1,50 €, bis 6 J. frei

Der beeindruckende Barockbau (1651) entstand für die erste Gemahlin des Großen Kurfürsten, Louise Henriette von Oranien-Nassau. Heute präsentiert das Schlossmuseum meisterhafte Kunstwerke, u.a. Gemälde des großen Flamen Anthonis van Dyck, prächtige Etageren in der Porzellankammer oder Sitzmöbel aus Elfenbein, Skulpturen von François Dieussart sowie plastische Bildwerke des Bildhauers Bartholomeus Eggers. Glanzpunkt ist das Silbergewölbe mit dem königlichen Prunksilber. Den Schlosspark ließ Kurfürstin Louise Henriette im 17. Jh. anlegen. Mit der Landesgartenschau 2009

ADAC *Mobil*

Unmittelbar neben dem Schloss liegt der **Schlosshafen** mit Reisemobilstellplatz sowie einem Wasserwanderstützpunkt. Über Lehnitzsee und -schleuse kann man zur Mecklenburgischen Seenplatte und zur Ostsee schippern. *www.oranienburg.de*

ist er zu neuer Blüte erweckt und für alle Altersgruppen ein großartiges Naturerlebnis mit historischem Park, Orangerie und 16 Gartenzimmern, die über das Leben, Denken und Fühlen der Kurfürstin berichten.

 Restaurants

€€ | **Zum Taubenschlag** Lokal mit Sammlung antiker Bilder, leckere Wildgerichte sowie Speisen mit frischem Taubenfleisch. ■ Hohenbrucherstr. 2, Tel. 033 01/53 17 32, www.restaurant-zum-taubenschlag.de, Mi–Fr ab 17, Sa, So ab 11.30 Uhr.

 In der Umgebung

Gedenkstätte und Museum Sachsenhausen

| Gedenkstätte |

⑪ *Im ehemaligen KZ-Lager wird an grauenvolle Verbrechen erinnert*
1936 errichtete die SS am Stadtrand von Oranienburg das KZ Sachsenhausen als Modelllager. Bis 1945 waren mehr als 200 000 Menschen aus ganz Europa inhaftiert, Zehntausende von ihnen starben. Von 1945–1950 war es sowjetisches Speziallager. Von 60 000 Inhaftierten kamen 12 000 durch Hunger und Krankheiten um. Seit 1961 ist es Gedenkstätte.

■ Str. der Nationen 22, Oranienburg, www.stiftung-bg.de, Mitte März–Mitte Okt. tgl. 8.30–18, Mitte Okt.–Mitte März tgl. 8.30–16.30 Uhr (im Winter Mo nur Außengelände)

Mahn- und Gedenkstätte Ravensbrück

| Gedenkstätte |

Von 1939–1945 waren nahe Fürstenberg über 140 000 Inhaftierte im KZ.

V.a. Frauen und Kinder aus 20 Nationen wurden hier gefoltert und ermordet. In Ausstellungen wird heute über die Gräueltaten berichtet. Eine Internationale Jugendbegegnungsstätte fördert die historisch-politische Bildung.
■ Str. der Nationen 1, Fürstenberg/Havel, www.ravensbrueck.de, Mai–Sept. Di–So 9–18 (Außengelände bis 20), Okt.–April 9–17 Uhr

Schloss Oranienburg ist das älteste Schloss in der Mark Brandenburg

16 Kremmen

Wo die Kraniche über das nahezu unberührte Rhinluch ziehen

 Information

■ Tourist-Info, Scheunenweg 49, 16766 Kremmen, Tel. 03 30 55/211 61, www. kremmen.de, Nov.–Feb. Mo–Fr 10–16, März–Okt. Mo–Fr 10–16, Sa, So 10–18 Uhr
■ Scheunenviertel: Scheunenweg, www. scheunenviertel-kremmen.com

Seit mehr als 700 Jahren liegt das Ackerbürgerstädtchen Kremmen eingebettet im Rhinluch. Wenige Kilometer vor der Stadt sammeln sich auf den Luchwiesen jährlich im Herbst Tausende von Kranichen, bevor sie in den Süden fliegen. Dieses grandiose Naturschauspiel ist ein herrliches Erlebnis. Mit 320 Jahre alten, originalen Häusern besitzt Kremmen auch einen schönen historischen Stadtkern, der einen Besuch wert ist.
Das deutschlandweit größte noch erhaltene Scheunenviertel (Mitte des 17. Jh.) einstiger Ackerbürger steht am Stadtrand. Die 50 Gebäude stehen seit 1993 unter Denkmalschutz und sind fast komplett restauriert. Besonders sehenswert sind die Geschenkescheune mit Wohn- und Gartenaccessoires,

die Uhren- und Antiquitätenscheune, das Restaurant Coldehörn und die Bauernscheune mit Museumscafé.

 Restaurants

€€| **Kleines Haus** Kreative kulinarische Ideen, täglich neu. Auch der Kuchen im Café ist köstlich. ■ Nauener Str. 58, Linum, Tel. 03 39 22/908 55, www.kleines haus-linum.de, Mitte Nov.–März Fr 15–21, Sa, So 12–21, April–Mitte Nov. Mi, Do 12–18, Fr–So 12–21 Uhr
€€| **Orangerie Schloss Ziethen** Regionale, moderne Speisen aus der ältesten Küche Brandenburgs und mit frischen Produkten aus der Heimat. ■ Alte Dorfstr. 33, Kremmen, OT Ziethen, Tel. 03 30 55/950, www.schlossziethen. de, Mo–Fr 17–21 Uhr

Übernachten

Im Nordwesten Brandenburgs liegt die älteste märkische Kulturlandschaft, aber auch die am dünnsten besiedelte des Landes. Alles geht hier recht ruhig zu. Genau das suchen die Gäste v. a. aus Berlin und Hamburg. Die Prignitzer haben ihre Pensionen und Gästezimmer modern hergerichtet, häufig liegen die Übernachtungsmöglichkeiten mitten in der Natur. Auch für das benachbarte Ruppiner Seenland mit den schönsten Wassersportrevieren Europas, seinen Schlössern und herrlichen Kulturangeboten braucht es mehr als nur einen Tag.

Perleberg 46

€ | **Stadt Magdeburg** Traditionshotel mit einfachen, gemütlichen Zimmern, kostenlosem WLAN und Fahrradverleih. Hauseigene Parkplätze vorhanden. ■ Wittenberger Str. 67, 19348 Perleberg, Tel. 0 38 76/780 90, www.hotel-stadt-magdeburg.de

€€ | **Sport- & Vital-Resort Neuer Hennings Hof** Mitten im Grünen gelegen. Es gibt moderne Hotelzimmer, exklusive Suiten, attraktive Apartments und komfortable Ferienwohnungen. ■ Henningshof 3, 19348 Perleberg, Tel. 0 38 76/79 20, www.neuer-hennings-hof.de

Lenzen bei Perleberg 46

€€ | **BioHotel Burg Lenzen** Die alte Burg mit barockem Anbau bietet wunderschöne Zimmer nahe dem UNESCO-Biosphärenreservat Flusslandschaft Elbe. ■ Burgstr. 3, 19309 Lenzen, Tel. 03 87 92/507 83 00, www.burghotel-lenzen.de

€€ | **Kulturhof** Komfort in historischen Häusern eines 200 Jahre alten Hofes mit Wellnessoase. ■ Kastanienallee 13, 19309 Lenzen, OT Breetz, Tel. 038972/50623, www.nostalgie-ferien.de

Bad Wilsnack 48

€€ | **Hotel an der Therme** Das nahe der Therme und dem Kurpark gelegene Hotel bietet geschmackvoll eingerichtete Zimmer und freundlichen Service. ■ Kählingstr. 1, 19336 Bad Wilsnack, Tel. 03 87 91/808 70, www.hotel-an-der-therme-bad-wilsnack.de

Wittstock/Dosse 49

€ | **Bio Ranch Zempow** In den Ferienhäusern lässt es sich nicht nur dank ökologischer Holzbauweise gut schlafen. Hier kann tagsüber viel nebenbei gelernt werden, etwa mit den Kühen und Pferden zu flüstern, oder das Reiten und Schafe hüten. ■ Birkenallee 12, 16909 Wittstock/Dosse, Tel. 03 39 23/769 15, www.zempow-bio-ranch.de

Rheinsberg 52

€€ | **Prescise Resort Marina** Nordisch anmutendes Hafendorf mit gemütlichen Zimmern, Wellness und Spa. Außerdem gibt es einen Badestrand, Kletterwald, Spielplätze, Motorboote und Fahrräder zum Leihen. ■ Wolfsbruch 3, 16831 Rheinsberg, OT Kleinzerlang, Tel. 03 39 21/87, www.marina-wolfsbruch.de

€€ | **Seehof Rheinsberg** Das kleine und feine Hotel, einst Ackerbürgerhaus von 1750, bezaubert. Mit Blick auf den Grienericksee, gleich neben dem Schloss. ■ Seestr. 18, 16831 Rheinsberg, Tel. 03 39 31/40 30, www.seehof-rheinsberg.de

Flecken Zechlin bei Rheinsberg 52

€ | **Zechliner Hof** Pension an der Mecklenburgischen Seenplatte nahe Rheinsberg. Gemütliche und preiswerte Unterkünfte, freundliche Atmosphäre. ■ Wittstocker Str. 5, 16837 Flecken Zechlin, Tel. 03 39 23/71 94 70, www.zechliner-hof.de

Gransee 54

€€ | **Hotel Schloss Meseberg** Gehobene Anlage mit eleganten Zimmern und Suiten auf dem Gelände des Schlosses. Apartments im Jagdhaus mit Küche, Wohnbereich, Balkon oder Terrasse. ■ Meseberger Dorfstr. 27, 16775 Gransee, Tel. 03306 /204670, www.schlosswirt-meseberg.de

Lindow 55

€€ | **Hotel Krone** Frisch renovierte Zimmer und Suiten in naturnaher Umgebung der Drei-Seen-Stadt. ■ Str. des Friedens 11, 16835 Lindow/Mark, Tel. 033933/879719, www.hotel-krone-in-lindow.de

Neuruppin 56

€€ | **Die Märkischen Höfe** Hübsche, gemütliche Zimmer im ruhigen Vier-seithof mit Südtiroler Charme ihrer Besitzer. Im Juli und August mit Freiluft-Theatersommer nebenan. ■ Dorfstr. 7 und 11, 16818 Netzeband, Tel. 03 39 24/89 80, www.maerkische hoefe.de

€€€ | **Resort Mark Brandenburg** Exklusives Wellnessresort für entspannende Auszeit mit Blick auf den Ruppiner See, großzügige Zimmer mit Balkonen, Kingsizebetten, moderne Bäder mit Flusskieselböden in den Duschen, Komfort eines Vier-Sterne-Hauses. ■ An der Seepromenade 20, 16816 Neuruppin. Tel. 033 91/403 50, www.resort-mark-brandenburg.de

Wusterhausen bei Neustadt/Dosse 60

€€ | **Ferienhof Gut Tornow** Urlaub auf dem Ökohof. Tiere, Spielplatz und viel Natur, schöne Ferienwohnungen in einem ehemaligen Stallgebäude, Ausritte möglich. ■ Tornowerstr. 24, 16866 Wusterhausen/Dosse, Tel. 03 39 71/326 16, www.gut-tornow.de

Schloss Oranienburg 62

€€ | **Landhotel classic** Erlebnis mit allen Sinnen in ruhiger Lage Wensickendorfs nahe Oranienburg. Gepflegte Gastlichkeit. ■ Hauptstr. 66, 16515 Oranienburg, Tel. 03 30 53/680, www.landhotel-classic.de

Kremmen 63

€€€ | **Hotel Sommerfeld** Erholung pur zwischen Beetzer See und Wald. Innen- und Außenpool, zahlreiche Wellnessangeboten. ■ Beetzer Str. 1a, 16766 Kremmen, Tel. 03 30 55/970, www.hotel-sommerfeld.de

Uckermark, Barnim und Märkisch–Oderland

Geschützte Auen im wasserreichen Grenzland, Backsteingotik in Vollendung und ingenieurtechische Meisterwerke

Uckermark und Barnim im Nordosten Brandenburgs grenzen an das Nachbarland Polen. Die Oder trennt und verbindet zugleich. Mit dem Theater am Rand in Zollbrücke besitzt die Region ein außergewöhnliches Theater allererster Güte. Der Fläche nach ist die Region zwar groß, aber nur dünn besiedelt. Wer hier Urlaub macht, findet ruhige, eiszeitlich geprägte Hügellandschaften mit Seen, Wäldern, Flora und Fauna. Ein breites Netz an Rad-, Wander- und Wasserwegen sorgt dabei für aktive Erholung.

Mit dem Nationalpark Unteres Odertal, dem Biosphärenreservat Schorfheide-Chorin und dem Naturpark Uckermärkische Seen verfügt der Landstrich über herrliche Naturschutzgebiete. Der Barnim lockt zudem durch seine Nähe zu Berlin. Ein Besuch von Bernau, Chorin und der Schorfheide lässt sich unkompliziert mit einem Hauptstadtausflug verbinden.

In diesem Kapitel:

17 Prenzlau 68
18 Templin 69
19 Nationalpark
Unteres Odertal 71
20 Angermünde 71
21 Schorfheide 72
22 Eberswalde 75
23 Bernau 77
24 Bad Freienwalde 78
25 Oderbruch und
Lebuser Land 79
26 Strausberg 80
27 Märkische Schweiz 81
Übernachten 82

ADAC Top Tipps:

 **Nationalpark
Unteres Odertal**
| Landschaft |

Der einzige Auen-Nationalpark gehört zu den artenreichsten Lebensräumen Deutschlands und ist zu Polen hin grenzüberschreitend. 71

 **Schiffshebewerk
Niederfinow**
| Technisches Denkmal |

Das älteste noch arbeitende Schiffshebewerk Deutschlands steht genau neben dem neuen, das wohl das letzte neu gebaute Hebewerk in Deutschland sein wird. 76

 Kloster Chorin
| Klosterruine |
Im Ambiente des wunderschönen
Klosters Chorin finden alljährlich
Open-Air-Klassikkonzerte statt.
Das Bauwerk selbst mit seinen roten
Backsteinen ist ein Kunstschatz
Brandenburgs. 77

ADAC Empfehlungen:

 Unteruckersee, Prenzlau
| See |
Der 10 km² große Unteruckersee gehört zu den größten Seen der Uckermark und ist ein Paradies nicht nur
für Wassersportler. 68

 Stolper Turm, Angermünde
| Wehrturm |
Der Stolper Turm, der sogenannte
Grützpott, ist mit 18 m Außendurch-
messer der wahrscheinlich stärkste
Bergfried Deutschlands. 72

 Draisinenfahrt Templin
| Draisinenfahrt |
Die Draisine hat Karl Friedrich Freiherr
Drais von Sauerbronn (1785–1851) im
Jahr 1817 erfunden. Auf die Schiene
gesetzt, fährt sie zu den schönsten
Flecken der Uckermark. 70

**Geopark und Buchenwald
Grumsin, Schorfheide**
| Landschaft |
Der Wald entwickelt sich langsam
wieder zu einem Urwald mit seltenen
Vögeln wie Seeadler, Schwarzspecht
und Schwarzstorch. 73

17 Prenzlau

Beliebtes Urlaubsziel – Sport, Spaß und Erholung rund ums Wasser

 Information

■ Stadt-Information, Marktberg 2, 17291 Prenzlau, Tel. 0 39 84/83 39 52, www.prenzlau-tourismus.de, Mai–Sept. Mo–Fr 10-18, Sa, So 10–13, Mai–Okt. Mo–Fr 10–17, Sa 10–12 Uhr

Die Grüne Stadt am Uckersee gilt als Hauptstadt der Uckermark. Dank ihrer direkten Lage am Unteruckersee versprüht sie das Flair einer Wasserstadt. Dazu gehören eine Uferpromenade, eine Wasserpforte und eine restaurierte Stadtmauer ebenso wie das einstige Dominikanerkloster. Südlich des Unteruckersees liegt der Oberuckersee. Radfahrer kommen rund um die

Zur LAGA 2013 wurde eine Fontäne auf dem Unteruckersee installiert

beiden Seen voll auf ihre Kosten oder auf dem Fernradweg Berlin–Usedom, an dem die Stadt liegt.

 Sehenswert

Dominikanerkloster
| Museum |

Aufwendig restauriert wird das Bauwerk (1275) heute als Kulturzentrum und Museum genutzt. Hier findet man das Kulturhistorische Museum mit Sammlungen mittelalterlicher Objekte, archäologischen Funden aus dem Kloster Seehausen sowie Dokumenten Prenzlaus als Garnisonsstadt bis hin zur Wende, zudem das Historische Stadtarchiv und die Stadtbibliothek. An Klosterzeiten erinnern nur noch die dreischiffige Backsteinhallenkirche, Klausur und ein Wirtschaftsgebäude.
■ Uckerwiek 81, www.dominikaner kloster-prenzlau.de, Mai–Sept. Di–So 10–18, Okt.–April Di–So 10–17 Uhr, 3–4 €, bis 18 J. frei

Unteruckersee
| See |

 See mitten in der Stadt – ein Dorado das ganze Jahr über

Mitten in Prenzlau beginnt der See und erstreckt sich 7 km weiter gen Süden. Die lange Uferpromende mit zahlreichen Restaurants lockt mit frisch zubereitetem Fisch. Es gibt viele kleine Strände zum Baden sowie ein Seebad mit Strandkörben, Liegewiesen und Sandstrand, einem 6 m hohen Sprungturm, Wasserrutschen und Beachvolleyball. Im Bistro gibt es auch leckere kleine Gerichte.
■ Seebad: Uckerpromenade 46, www. seebad-prenzlau.de, Mai, Juni, Sept. 10–18, Juli–Aug. 10–19 Uhr, 2 €, erm. 0,50–1 €, bis 6 J. frei

P Parken

Kostenloser Parkplatz neben dem See-
bad, Uckerpromenade 46, auch für
Wohnmobile, Entsorgung (Chemie-
WC) und Frischwasser: Stadtwerke
Prenzlau, Freyschmidtstr. 20, Haus 1,
Foyer, Mo–Fr 7–15.45 Uhr

Einkaufen

Im **Q-Regio Hofladen** bekommt man
vom Uckerkaas über Klosterfelder Senf
bis zum Brot im Glas alles, was gesund
ist und schmeckt. ■ Friedrichstr. 11, Tel.
0 39 84/83 16 79, www.q-regio.de, Mo–Fr
9–18, Sa 9–13 Uhr

18 Templin

*Die Mitte ist ein See und lädt nicht nur
Badegäste zum Verweilen ein*

i Information

■ Tourist-Info, Historisches Rathaus, Am
Markt 19, 17268 Templin, Tel. 039 87/
26 31, www.templin.de, Mo–Fr 9–18 Uhr

Die Stadt wartet mit einem mittelalterlichen Stadtkern auf, mit einer herrlichen Naturtherme, einer amerika-
nischen Westernstadt und einer
Top-Go-Kart-Bahn. Die vielen Seen an
der Peripherie gestalten den Ort zu
einem Dorado für Wassersportler.

Sehenswert

Museum für Stadtgeschichte
| Museum |
Ein Besuch lohnt nicht nur wegen der
informativen Ausstellungen zur Volks-
kunde, sondern auch wegen des Bauwerks an sich, dem Prenzlauer Tor. Es

*Das im Barockstil errichtete historische
Rathaus am Templiner Marktplatz*

ist eins der drei Stadttore in einer vollständig erhaltenen mittelalterlichen
Wehranlage (1300). 1735 m lang und
etwa 7 m hoch, prägt sie mit ihren
50 Wiekhäusern noch heute das Ant-
litz der Stadt.
■ Prenzlauer Tor, www.museum-templin.
de, Mai–Sept. Di–Fr 10–17, Sa, So 13–17,
Okt.–April Di–Fr bis 16, Sa, So bis 15 Uhr,
2 €, erm. 1 €

Strandbad Templin
| Strandbad |
Direkt am Stadtsee nahe dem Bio-
sphärenreservat befindet sich eine
vielseitige Wassersportbasis mit Liege-
wiese, Sandstrand, Imbissangebot,
Wasserrutsche, 3-m-Sprungturm,
Beachvolleyballfeld, Kinderspielplatz,
Trampolin und Tischtennisplatte. Wer

Ein einmaliges Erlebnis ist eine Fahrt mit der Draisine von Templin nach Fürstenberg

möchte, kann auch zu günstigen Preisen tauchen, Boote oder Chartertouren mieten.

■ Prenzlauer Allee 26, www.wasser sport-templin.de, Mitte Mai–Mitte Sept. 9–19 Uhr, 2 €, erm. 1,50 €

 Restaurants

€ | Landgasthof Krause Deftige regionale Küche mit saftigen Steaks laden zum Schlemmen ein. ■ Grunewalder Dorfstr. 27, Tel. 03 98 83/204, www.land gasthof-pension-uckermark.de, Di–So 11–14 und ab 18 Uhr

✳ **Erlebnisse**

⑬ **Draisinenfahrt Templin** Das Gefährt auf Schienen ist so alt wie die Eisenbahn selbst. Erfunden hat es Karl Friedrich Freiherr Drais von Sauerbronn (1785–1851) im Jahr 1817. Auf die Schiene gesetzt, bringt die Draisine einen mit ein bisschen Muskelkraft und herrlicher Panoramasicht zu den schönsten Flecken der Uckermark. ■ Station: Zehdenickerstr. 30, Tel. 033 77/ 330 08 50, www.erlebnisbahn.de, Ganztagestour ab 2 Personen, ab Templin Streckenlänge individuell gestaltbar bis zu 34 km Fahrspaß. Abfahrtzeit 9–12 Uhr, letzte Rückgabe 18 Uhr, Fahrrad- und Rollidraisine für 2–4 Personen 64,99 €

 Sport

Auf geht's zur schönsten Outdoorbahn der Bundesrepublik: **Templiner Ring**! Die multifunktionelle Bahn erfreut sich auch bei Inlineskatern und Supermoto großer Beliebtheit. Fahrradtraining und Verkehrserziehung sind ebenfalls möglich. ■ Carl-Friedrich-Benz-Str. 2, Tel. 039 87/40 99 60, www.kart-templin.de, Mo–Fr ab 12, Sa, So 9–18 Uhr, Einzel 10 Min. 9 PS 12 €, Kinder-Kart 10 €, Zwei–Sitz-Kart 15 €

In der Umgebung

Kirchlein im Grünen

| Kirche |

Die ehemalige Gutskapelle steht mitten im Naturpark Uckermärkische Seen. Um 1700 von hugenottischen Glaubensflüchtlingen gebaut, schien die Kirche in den 1970er-Jahren unter wucherndem Gestrüpp dem Verfall preisgegeben. Ein Förderverein brachte das Kleinod auf Vordermann. Heute wird es sowohl für Gottesdienste als auch für Konzerte genutzt.

■ Alt Placht, www.kirchlein-im-gruenen. de, ganzjährig geöffnet

19 Nationalpark Unteres Odertal

Auenlandschaft wie im Märchen mit seltenen Naturschauspielen

 Information

■ Tourismusverein Nationalpark Unteres Odertal e.V., Berliner Str. 46/48, 16303 Schwedt/O., Tel. 0 33 32/255 90, www.unteres-odertal.de, Mai–Sept. Mo–Fr 12–18, Sa 14–17.30, Okt.–April Mo–Fr 12–17 Uhr
■ Besucherzentrum Criewen: Am Speicher 3, Schwedt/Oder, OT Criewen, www.nationalpark-unteres-odertal.eu, April–Okt. tgl. 9–18, Nov.–März Fr–So 10–17 Uhr, Eintritt frei

Der einzige deutsche Flussauen-Nationalpark stellt eine der wenigen nahezu intakten Flussauen Europas seit 1995 unter Schutz. Er breitet sich über 2 bis 8 km auf beiden Uferseiten der Oder aus. 160 Brutvogelarten leben hier, neben Schwarzstörchen und Uhus auch See-, Schrei- und Fischadler. Auf den riesigen Feuchtwiesen rasten

alljährlich Hunderte Störche, Kraniche, Gänse und Singschwäne. Ein Naturschauspiel für Wanderer und Radfahrer, die auf dem 60 km langen Abschnitt des Oder-Neiße-Fernradweges diese Landschaft durchstreifen.

 Bühne

Die **Uckermärkischen Bühnen Schwedt** gehören den herausragenden Kulturstandorten im Nordosten Brandenburgs. Das Einspartentheater bietet zudem im Gastspielbetrieb Lesungen, Konzerte, Musicals oder Kindertheater. ■ Berliner Str. 46/48, Tel. 0 33 32/53 81 11, www.theater-schwedt. de, Karten ab 5 € (Kindertheater) bis 23 €

20 Angermünde

Erholung und abenteuerlicher Ketzerort im Grenzland der Oder

 Information

■ Tourist-Information, Brüderstr. 20, 16278 Angermünde, Tel. 0 33 31/29 76 60, www.angermuende-tourismus.de, April–Okt. Mo–Fr 9–18, Sa, So 10–13, Nov.–März Mo–Fr 9–16 Uhr
■ St. Marienkirche: Kirchplatz. 4, www. sankt.marien-ang.de

Um 1233 gegründet, schmückt heute den staatlich anerkannten Erholungsort eine denkmalgeschützte Altstadt. Der Markt mit hübschen Häuserzeilen, Rathaus, kleinen Gaststätten und Cafés sowie einem spritzigen Marktbrunnen halten so manche Anekdote parat.
Das Wahrzeichen der Stadt ist die St. Marienkirche mit 53 m hohem Turm: Im 13. Jh. aus Feldsteinquadern errichtet, wurde sie im 15. und 16. Jh. im Stil

der Backsteingotik umgebaut. Zudem lohnt sich ein Blick auf die barocke Wagner-Orgel, die mittelalterliche Schatztruhe und Reste einer Renaissance-Altarwand.

 Erlebnisse

Von Mai bis Oktober, immer am zweiten Freitag im Monat, kann man die Angermünder Ketzer und ihre Inquisitoren, die grauen Mönche, aufspüren.
■ Treffpunkt: Klosterstr. 43a, Dauer der Führung 1,5–2 Std., 9 €, bis 14 J. frei

 In der Umgebung

Stolper Turm
| Wehrturm |
 Wunderbarer Blick vom »Grütz-pott« in das weite Odertal
Auf einer Anhöhe thront der »Grütz-pott«, der Backsteinturm einer Befestigungsanlage (1160). Mit 18 m Durch-

messer und einer Mauerstärke von 5 m ist er der wahrscheinlich dickste erhaltene Bergfried Deutschlands. Im Inneren befinden sich ein Verlies und eine Ausstellung zur Geschichte des Turms.
■ Angermünde, OT Stolpe, www.anger muende-tourismus.de, Turmbesichtigung: April–Okt. Mi–Sa 10–12 und 14–16 Uhr, 2 €

21 Schorfheide

Indian Summer – das Highlight für Einheimische wie Besucher

 Information

■ Touristinformation im Jagdschloss Groß Schönebeck, Schlossstr. 6, 16244 Schorfheide, Tel. 03 33 93/657 77, www. schorfheide.de, Mai–Sept. tgl. 10–12.30 und 13–17, Okt.–April tgl. 10–12.30 und 13–16 Uhr

So eine waldreiche Ausflugsregion sucht ihresgleichen in ganz Mitteleuropa. Die Schorfheide vereinigt das Biosphärenreservat Schorfheide-Chorin, das UNESCO-Weltnaturerbe Buchenwald Grumsin und den Nationalen Geopark Eiszeitland am Oderrand. Am schönsten ist es hier im Herbst, wenn sich die Blätter färben.

 Sehenswert

Wildpark Schorfheide
| Tierpark |
Im 105 ha großen privatbetriebenen Tierpark im Biosphärenreservat Schorfheide-Chorin finden v.a. Familien viel Spaß und Erholung. Auf 7 km langen Wanderwegen mit Rast- und Picknickplätzen kann man im Gehege Wölfe, Wollschweine, Otter und Luchse

Luchse im Wildpark Schorfheide bei Groß Schönebeck

sehen. Einige zahme Tiere darf man streicheln, Ponys sogar reiten. Mit Spielplatz und Gaststube.

■ Prenzlauer Str. 16, OT Groß Schönebeck, www.wildpark-schorfheide.de, tgl. 9–19 Uhr, Luchsfütterung tgl. 11, Otterfütterung tgl. 11.30 Uhr, 7 €, erm. 4,50 €

Geopark und Buchenwald Grumsin

| Landschaft |

 Fast wie im Urwald mit seltener Flora und Fauna

Der Wald wird seit über 20 Jahren nicht mehr wirtschaftlich genutzt und mutiert wieder zu einem Urwald mit seltenem Seeadler, Schwarzspecht und Schwarzstorch. Geführte Wanderungen durch diese Landschaft sind wie eine Reise in die Eiszeit. Man sieht seltene Bäume, etwa Mammutbäume, sowie Moore, Seen und Erlenbrüche.

■ Besucher- und Informationszentrum Geopark, Zur Mühle 51, Ziethen, OT Groß-Ziethen, www.schorfheide.de, April–Okt. Mi–So 10–16 Uhr, 3 €, erm. 2 €

Jagdschloss Hubertusstock

| Architektur |

Preußenkönig Friedrich Wilhelm IV. ließ das Jagdschloss für seine Frau Elisabeth von Bayern 1847–1849 errichten. Bis 1918 gehörte das Areal den Hohenzollern, bis 1926 dem preußischen Staat. Später dann nahmen es DDR-Funktionäre für sich in Anspruch. Heute gehört das Jagdschloss zum Areal des Ringhotels Schorfheide.

■ Hubertusstock 2, Joachimsthal, www.tagungs-zentrum.de

Jagdschloss Groß Schönebeck

| Ausstellung |

Das Schloss mit seiner Dauerausstellung »Jagd und Macht« zeigt den Zu-

Im Blickpunkt

Radlerparadies Brandenburg

Etwa 7000 km Wegenetz sind bestens präpariert und mit benachbarten Bundesländern vernetzt. Zu den schönsten Touren gehört der 337 km **Fernradweg Berlin–Usedom**, der gleich hinter Berlin-Buch ins nördliche Brandenburgische führt, am Oder-Havel-Kanal entlang, durch die Schorfheide zum Ober- und Unteruckersee durch Prenzlau hindurch. Die südlich davon gelegene, 287 km lange **Oder-Spree-Tour** führt zum ehemaligen Zisterzienser-Barockkloster Neuzelle, zum wildromantischen Schlaubetal, ins historische Beeskow und in den Kurort Bad Saarow. Der 397 km lange **Havel-Radweg** führt u. a. vorbei an Brandenburg, Potsdam und Oranienburg und streift preußische Kultur in Potenz. Die **Elsterrad-Rundtour** mit 170 km zeigt das südliche Brandenburg. Mit 1088 km ist die **Tour Brandenburg R1** der längste Radfernweg Deutschlands, rund um Berlin quer durch die Mark, und verbindet 31 Städte mit historischem Stadtkern Brandenburgs. Elf Naturparks, drei Biosphärenreservate und ein Nationalpark dazu. Wer partout nicht aufs Rad verzichten möchte, kann manche Strecke auch auf dem 230 km langen **Fläming-Skate** im Niederen Fläming und Baruther Urstromtal fahren. *www.fahrradreisen.de und www.flaeming-skate.de*

Der Werbellinsee ist eine Oase für Sommerfrischler und Wanderer

sammenhang beider und steht selbst als Beweis dafür. Denn 1680 vom Großen Kurfürsten Friedrich Wilhelm erbaut, diente es als Jagdschloss. Multimedial wird die Zeit der preußischen Könige und deutschen Kaiser über die NS-Zeit bis hin zur Wendezeit in der Schorfheide erlebbar gemacht. Die Ausstellung »Max Schmeling und die Jagd« ergänzt die Geschichte.

■ Schlossstr. 6, OT Groß Schönebeck, www.schorfheide-museum.de, Okt.–April Mo–Fr 10–12.30 und 13–16, Mai–Sept. 10–12 und 13–17 Uhr, 6,50 €, erm. 1,50 €

Werbellinsee
| See |
Einer der größten und tiefsten Seen Brandenburgs. Er erstreckt sich über 9,5 km. Wie Grimnitzsee und Parsteiner See liegt er im Biosphärenreservat Schorfheide-Chorin. Wassersportler mögen ihn, denn alle Bootsarten inklusive Motor- und Ruderboote sind erlaubt. Wer es lieber bequem hat, fährt mit dem Ausflugsdampfer. Sieben schöne Badestrände.

■ www.werbellinsee.de

Biorama Joachimsthal
| Aussichtsturm |
Die Panorama-Aussicht vom 21 m hohen Wasserturm auf die Schorfheide ist grandios, die Ausstellungen zeitgenössischer Künstler in der Villa ebenso. Es ist das außergewöhnliche Projekt eines außergewöhnlichen Künstlerehepaars, das den denkmalgeschützten Turm kaufte und bewohnt. Die Aussichtsplattform ist über eine Treppe mit 118 Stufen oder barrierefrei über einen Aufzugsturm zu erreichen.

■ Am Wasserturm 1, www.biorama-projekt.org, Aussicht: Ostern–Okt. Do–So 11–18 Uhr, 4 €, erm. 1 € (Areal/Aussichtsplattform/Villa)

Restaurants

€€ | Alte Fischerei Direkt am Werbellinsee. Das Lokal im reetgedeckten Pfahlbau mit maritimem Dekor und Terrasse serviert Fischgerichte. ■ Am See 3, Altenhof, Tel. 03 33 63/31 41, www.altefischerei.de, tgl. ab 11.30 Uhr

€€ | Arttisch Esskultur Feine Crossover-Küche mit Produkten und Kräutern der Region. Viele Salate, vegetarische Pasta. ■ Jägerberg 3, Joachimsthal, Tel. 03 33 61/72 92 20, www.arttisch.com, Juni–Sept. Di–Sa 12–16 und ab 19, So 10.30–15.30, Okt.–Mai Mi–Fr ab 19, Sa 12–16 und ab 19, So 10.30–15.30 Uhr

 Events

Mit dem **Holzschuhmachertag** im August erinnern die Friedrichswalder an die Besiedlung 1748 von 30 Familien aus Rheinland-Pfalz. Einige hatten flämische Wurzeln. So kam das Holzschuhmachen in die Region, obwohl es der preußische König verboten hatte. Von 1939 bis in die 1950er-Jahre produzierte eine Holzschuhfabrik.

22 Eberswalde

Waldstadt am Finowkanal nahe der Schiffshebewerke

 Information

■ Tourist-Info im Museum Eberswalde, Steinstr. 3, Tel. 0 33 34/645 20, 16225 Eberswalde, www.tourismus-eberswalde. de, Di–Fr 10–13 und 14–17, Sa 10–13, So 13–17 Uhr

Ein schmuckes Stadtzentrum mit Markttreiben, Geschäften, dem Kaffeehaus Gustav, mit der Backsteinbasilika St. Maria Magdalena sowie dem Alten und Neuen Rathaus prägt heute das moderne Gesicht der ehemaligen Industriestadt Eberswalde. Der Forstbotanische Garten ist einer der ältesten in Europa.

 Sehenswert

Museum Eberswalde
| **Museum** |
Im ältesten Fachwerkhaus der Stadt, der ehemaligen Adler-Apotheke (17. Jh.), zeigen Dauer- und Sonderausstellungen multimedial die Stadt-, Regional- und besonders die Apothekengeschichte. Außerdem zu sehen ist die Nachbildung des Eberswalder Goldfundes aus der Zeit 900 v. Chr. Das Museum verfügt über eine noch erhaltene Schwarze Küche.

■ Steinstr. 3, www.museum-eberswalde. de, Di– Fr 10–13 und 14–17, Sa 10–13, So 13–17 Uhr, 4 €, erm. 2 €, Familie 8 €

Familiengarten Eberswalde
| **Freizeitpark** |
Viel Platz für Erholung, Bewegung und Spaß: von der Fahrt mit dem Tretboot durch unterirdische Betriebsarchen über das Erklettern des Eberkrans bis hin zur bunten Gartenwelt. Grillplatz, Disc-Golf-Anlage, Boccia- oder Beachvolleyballfeld runden das Vergnügen ab. Erreichbar ist der Familiengarten per Rad, Auto, Zug, Bus oder per Boot auf dem Finowkanal.

ADAC *Spartipp*

Wer in Eberswalde das Museum, den Familiengarten und den Zoo besucht, kann mit dem Kombiticket über die Hälfte sparen. Es kostet 13 €, erm. 6,50 €.

Am Alten Walzwerk 1, www.familien
garten-eberswalde.de, April–Okt. tgl. 10–
18 Uhr, Tagesticket 4 €, erm. 2 €

Oder-Havel-Radweg
| Radweg |
Auf dem ehemaligen Treidelweg am
Finowkanal entlang geht es von Lie-
benwalde an der Havel über die Stadt
Eberswalde bis nach Hohensaaten an
der Oder. Der knapp über 60 km lange
Radweg ist gut ausgebaut und mit einem blauen Boot auf weißem Grund
markiert.
■ www.tourismus-eberswalde.de

 Restaurants

€€ | Matisse im Quartier No. 7 Im uri-
gen Fachwerkhaus wird modern inter-
pretierte deutsche Küche serviert.
Idyllischer Innenhof und Livemusik-
Abende. ■ An der Friedensbrücke 23,
Tel. 033 34/52 64 09, www.matisse-restau
rant.de, Mo–Sa 11.30–24 Uhr

 Kinder

Zoo Ein tierisches Vergnügen mit Safa-
ri und Märchenwanderung. ■ Am Was-
serfall 1, Tel. 033 34/227 33, www.zoo.
eberswalde.de, tgl. 9 Uhr bis Dämme-
rung, 10 €, erm. 5 €, Familie 25 €

 In der Umgebung

Altes und Neues Schiffshebewerk Niederfinow
| Technisches Denkmal |
6 *Ingenieurtechnische Meisterwerke zum Besteigen*
Das alte Schiffshebewerk ist etwa
60 m hoch, 94 m lang und 27 m breit. Es
hebt die Schiffe über 36 m. Von einer
Plattform hoch oben lassen sich der
Betrieb und der Neubau direkt gegen-
über gut verfolgen. Das Schiffshebewerk arbeitet täglich 24 Std. Zudem
bietet sich ein herrlicher Blick in das
Oderbruch (S. 79). Im Besucherzentrum des Wasser- und Schifffahrts-

Das alte Schiffshebewerk Niederfinow stammt aus dem Jahr 1934

amtes erfährt man alle technischen Daten im Detail und am Modell.

■ Hebewerkstr. 70, Niederfinow, Tel. 03 33 62/61 91 22, Sommer tgl. 9–18, Winter tgl. 9–16 Uhr, 2 €, erm. 1 €

Kloster Chorin
| Klosterruine |

 Das ehemalige Zisterzienserkloster zieht Musikfans an

1273 erbaut, steht der gotische Backsteinbau mitten in der Schorfheide. Karl Friedrich Schinkel, der maßgeblich zur Erhaltung des Ensembles beitrug, bezeichnete es als »des Landes schönsten Schmuck«. Heute zeigt das Kloster Ausstellungen zur Klostergeschichte. Alljährlicher Höhepunkt ist der Choriner Musiksommer Ende Juni bis Ende August.

■ Amt Chorin 11a, 16230 Chorin, Tel. 03 33 66/703 77, www.kloster-chorin.org, Sommer tgl. 9–18, Winter tgl. 10–16, 6 €, erm. 3,50 €, bis 6 J frei, Familie 13 €

`23` Bernau

Spannend wie eh und je von der Altstadt bis zum Bahnhof

i Information

■ Tourist-Info, Bürgermeisterstr. 4, 16321 Bernau, Tel. 0 33 38/76 19 19, www.bernau-bei-berlin.de, April–Okt. Mo–Fr 10–18 Uhr, Sa 10–14, Nov.–März Mo–Fr 10–17 Uhr

Die spannende Geschichte der Stadt reicht bis ins Jahr 1140. Gründer war Albrecht der Bär. Über die Jahrhunderte waren die Hussiten hier, es herrschte die Pest, Hexen wurden verfolgt, Wallenstein nächtigte hier, der Schwedenkönig Gustav Adolf wurde aufgebahrt, Hugenotten wurden aufgenommen, König Wilhelm IV. kam zu Besuch, die Bauhäusler und schließlich die DDR-Funktionäre.

Die intakte Stadtmauer und restaurierte Gebäude wie die Adler-Apotheke (1755), die Alte Schule (1879), das Amtsgericht (1809), das Bahnhofsgebäude (1842) und das Kantorhaus (1582) sind heute wieder eine Augenweide.

Die Bundesschule des Allgemeinen Deutschen Gewerkschaftsbundes (1928–1930) nahe der Stadt – ein »Bau des Lebens«, nach den Ideen der Bauhäusler Hannes Meyer (1869–1954) und Hans Wittwer (1894–1952) – wurde im Juli 2017 in die UNESCO-Welterbeliste aufgenommen.

Sehenswert

Skulpturensammlung
| Ausstellung |

Präsentiert wird eine ausgewählte Sammlung von Skulpturen bedeutender deutscher Bildhauer des 20. Jh. Einst standen sie in der Waldsiedlung Wandlitz. Regelmäßig finden hier Kunstraum-Gespräche mit bedeutenden Bildhauern statt.

■ Alte Goethestr. 3, Do 10–18, Sa bis 16 Uhr

Galerie im Hühnerstall
| Veranstaltungsort |

Kein Geheimtipp mehr: Hochkarätige Ausstellungen, Konzerte, Lesungen und Theater mit großartigen Künstlern, Kinder-Singwochenenden, Begegnungen der Kulturen und einem wunderbaren Violoncellisten in Aktion kann man im kleinen, gemütlichen Hühnerstall mitten in einem paradiesischen Privatgarten im Bernauer Ortsteil Schönow erleben.

Regelmäßig werden im Museum Altranft Handwerkermärkte veranstaltet

 Schönerlinder Str. 88, www.wilfried-staufenbiel.de, freiwilliger Obolus nach der Veranstaltung

24 Bad Freienwalde

Naturmoor und die nördlichste Skischanze Deutschlands

i Information

 Tourist-Info, Uchtenhagenstr. 3, 16259 Bad Freienwalde, Tel. 0 33 44/15 08 90, www.bad-freienwalde.de, Mo–Fr 9–18, Sa, So 10–15 Uhr

Zwischen Oderbruch, Barnim und der Märkischen Schweiz liegt die Stadt Bad Freienwalde mit ungewöhnlich steilen Straßen und Gassen. Die preußische Königin Friedericke Luise, Gemahlin von König Wilhelm II., wählte den Ort einst als Sommersitz und ließ sich im Jahr 1798 hier ein Schloss bauen. Später kreierte Gartenkünstler Peter Joseph Lenné den Schlosspark dazu. Als älteste Kurstadt Brandenburgs profitiert sie vom Naturmoor im Finower Polder.

 Sehenswert

Museum Altranft – Werkstatt für ländliche Kultur
| Freilichtmuseum |
Bewahrte Kulturlandschaft im Oderbruch, dem größten besiedelten Flusspolder Deutschlands. Die heute denkmalgeschützten Häuser stammen aus dem 18. Jh. Zum Freilichtdorf gehören eine Kirche, ein Spritzenhaus, eine alte Schmiede, ein Fischerhaus mit Wasch- und Backhaus sowie ein Bauernhaus. Die übernommene Interieur-Ausstellung der Sammlung Charlotte von Mahlsdorf (1928–2002) im Altranfter Herrenhaus ist gekonnt in die Gestaltung mit einbezogen.

 Am Anger 27, OT Altranft, www.museum-altranft.de, Mitte April–Sept. Do–So 11–17, Okt.–Mitte Dez. Sa, So 11–17 Uhr, 4 €, bis 16 J. frei

25 Oderbruch und Lebuser Land

Vom Feuchtland zur Kulturlandschaft mit viel Tradition und Handwerk

 Information

■ Tourist-Info, Mittelstr. 10, 15306 Seelow, www.oderbruch-tourismus.de, Mo–Fr 9–17, Sa 10–14 Uhr

Wie eine Oase liegt das Oderbruch in der märkischen Streusandkiste. Erst 200 Jahre ist es her, dass Friedrich II. diesen Flecken trockenlegen ließ, um 32 500 ha Neuland für 1500 Familien aus ganz Europa zu schaffen. 33 Bauern- und sieben Wollspinnerdörfer entstanden. Die Gegend lockt heute zu jeder Jahreszeit mit herber, schöner Landschaft, mit dörflicher und Schinkelarchitektur, mit Handwerk und Kunst.

 Sehenswert

Museum Lebuser Land
| Museum |
In einem sanierten, denkmalgeschützten Fachwerkhaus erfahren Besucher alles über die Geschichte der ehemaligen Bischofsstadt Lebus mit Dauerausstellungen zur Archäologie und Geologie der Gegend, zum Schaffen des Malers und Bildhauers Karl Lukas Honegger (1902–2003) und des in Lebus geborenen Schriftstellers Günter Eich (1907–1972), der bekannt ist für seine Trümmerliteratur der Nachkriegsgeschichte.
■ Schulstr. 7, Lebus, www.heimatverein-lebus.de, April–Sept. Di–Fr 10–17, Sa, So 13–16, Okt.–März Di–Fr 10–15 Uhr, 1 €, erm. 0,50 €

ADAC *Wussten Sie schon?*

In Bad Freienwalde im Oderbruch fand schon 1923 ein Skispringen statt, an dem sogar der spätere norwegische Olympiasieger Birger Ruud teilnahm. Die heutige Sprungschanze ist die nördlichste in Deutschland.

Schloss Neuhardenberg
| Veranstaltungsort |
Ein Gesamtkunstwerk (Baubeginn 1690): Kunst, Geschichte und Zeitgeschehen, Gastronomie und Lebensart unter einem Schlossdach. Staatskanzler Karl August Fürst von Hardenberg beauftragte Baumeister Schinkel 1817 mit der Umgestaltung. Die benachbarte Kirche (1801) trägt ebenfalls die Handschrift des Architekten. Das Herz des verstorbenen Staatskanzlers in der Mensarückwand ist noch zu besichti-

Das Oderbruch ist eine Landschaft zwischen Bad Freienwalde und Lebus

gen. Der herrliche Park ringsum ist ein Werk Lennés, Pücklers und Reptons.

■ Schinkelplatz, Neuhardenberg, www. schlossneuhardenberg.de. Schlossbesichtigung Ende März–Okt. So 12–18 Uhr, 2 €, Führung So 13, 14.30 und 16 Uhr, 3,50 €, Schinkelkirche Do–So 12–15 Uhr, Schlosspark frei zugänglich

Filmmuseum »Kinder von Golzow«

| Museum |

Regisseur Winfried Junge und seine Frau Barbara dokumentierten die Lebensläufe und Geschichten einer Gruppe Erstklässler des Jahres 1961 bis 2005. Filme, Fotos, Dokumente, Briefe, Filmtechnik und ein fast originalgetreuer Schneideraum, in dem auch gearbeitet werden kann, sind ausgestellt.

■ Hauptstr. 16, Golzow. www.kinder-von-golzow.com, März–Okt. Mo–Fr 10–17, Sa, So 11–16 Uhr, 3,50 €, erm. 1,50 €

Das Brecht-Weigel-Haus Buckow erinnert an Bertolt Brecht und Helene Weigel

ADAC *Wussten Sie schon?*

Die kleinste Galerie der Welt gibt es auf 4 m² im Reitweiner Trafo-Turm, 24 Std. geöffnet. Komplettiert wird das Ganze im Wiegehäuschen in Dolgelin und im Trafo 1 im Ort Regenmantel. *www.kunstregen.eu*

 Bühne

Das **Theater am Rand** ist das östlichste Deutschlands. Es spielt im Oderbruch, nahe der polnischen Grenze und ohne Eintrittskarten. Man zahlt am Ende der Vorstellung, was man will. Die Landschaft ist Kulisse. Gerade das zieht Tausende zu den Künstlern Tobias Morgenstern und Thomas Rühmann. Ein wahres Kunsterlebnis! ■ Zollbrücke 16, Oderaue, Tel. 03 34 57/665 21, www. theateramrand.de

26 Strausberg

Von der Ortsmitte mit der elektrisch betriebenen Fähre über den Straussee

 Information

■ Stadt- und Touristinformation, Aug.-Bebel-Str. 1, 15344 Strausberg, Tel. 0 33 41/31 10 66, www.stadt-strausberg. de, Mo–Fr 9–17, Mai–Sept. auch Sa, So 10–16, Okt.–April auch Sa 10–15 Uhr

Die grüne Stadt am Straussee hält für jeden etwas bereit. In der Stadt oder um den See lässt es sich gemütlich wandern oder Rad fahren. Eine kleine Badestelle lädt zum Ausruhen ein. Wer den Grund des Sees erleben möchte, kann das an der Tauchstation.

Vom Turm der Marienkirche kann man den Weitblick auf Stadt und See genießen. Die Kirche, seit 1254 von den Dominikanermönchen des einstigen Klosters benutzt, gilt heute als ältestes Bauwerk der Stadt.

In der Umgebung

Auf dem **Kinderbauernhof Mümmelmann** machen Ponyreiten oder Toben auf dem Spielplatz Spaß. Basteln und Töpfern gehören ebenso zum Programm wie Picknick oder Übernachten auf der Tenne. ■ An der Dorfstr. 33, Petershagen, www.kinderbauernhof-muemmelmann.de, Mai–Okt. Di–So 10–18, Nov.–April Di–So 10–16 Uhr

Sport

Im **Sport- und Erholungspark Strausberg** gibt es viel Action: vom Kleinkaliberschießen über Kletterwald, Skaterbahn, Judohalle, Beachvolleyball bis hin zu Tennisanlage und Kletterfelsen. ■ Sport- und Erholungspark 36, Tel. 033 41/42 10 19, www.strausbergersep.de, Mo–Fr 7.30–16 Uhr

ADAC *Mobil*

Wer schnell über den Straussee gelangen möchte, nutzt einfach die Fähre mitten in der Stadt. Sie ist in Europa die einzige elektrisch betriebene Personen-Seilfähre und verbindet seit 1894 Strausberg mit dem Waldgebiet »Jenseits des Straussees«. Bis zu 100 Personen können mit einer Fahrt befördert werden. Sommer wie Winter ist sie in Betrieb. *Überfahrt 1,30 €, erm. 1 €*

27 Märkische Schweiz

Das malerische Buckow ist Ausgangspunkt für Wanderungen

Information

■ Besucherzentrum Schweizer Haus, Lindenstr. 33, 15377 Buckow, Tel. 03 34 33/158 41, tgl. 10–16 Uhr, www.maerkische-schweiz-naturpark.de

Auf 205 km² sind in Brandenburgs kleinstem Naturpark dennoch alle typischen Landschaften vertreten. Hügelig von der letzten Eiszeit geformt, können hier Sölle, Seen, Quellen, Fließe, Fischteiche, Buchenwälder, Kiefernforste, Schluchten, Berge, Moore, Wiesen und selbst eine Binnendüne auf einer 20,8 km langen Naturparkroute erwandert werden.

Sehenswert

Brecht-Weigel-Haus Buckow
| Museum |
Die Sommerresidenz des Ehepaars Brecht-Weigel ist heute sowohl Gedenkstätte wie Veranstaltungsort. Originale Einrichtung wird durch eine Ausstellung zum Schaffen der beiden berühmten Wahlbuckower ergänzt. ■ B.-Brecht-Str. 30, Buckow, www.brechtweigelhaus.de, April–Okt. Mi–Fr 13–17, Sa, So 13–18, Nov.–März Mi–Fr 10–12 und 13–16, Sa, So 11–16 Uhr, 4 €, erm. 3 €

Restaurants

€ | **Fischerkehle** Direkt am Schermützelsee gelegenes Restaurant. ■ Fischerberg 7, Buckow, Tel. 03 34 33/374, www.fischerkehle.de, tgl. 11.30–17 Uhr

Übernachten

Den Vorzug eines entschleunigten Urlaubs in der Uckermark, dem Barnim oder dem Oderbruch kann man auch in der Nacht genießen. In ruhigen Schlossanlagen, romantischen Landhotels oder auf den familienfreundlichen Reiterhöfen sind zahlreihe und unterschiedliche Angebote vorhanden. Die Biosphärenreservate und Naturparks ermöglichen Unterkünfte weg vom alltäglichen Stress. Zudem existieren entlang der Wander- und Radwege, nahe den vielen Seen Stellplätze für Wohnmobile mit Versorgungseinrichtungen wie in Prenzlau.

Prenzlau 68

€€ | **Pension am Wiesengrund** Familiengeführte Pension in ruhiger Lage am Stadtrand, radlerfreundlich. ■ Am Wiesengrund 32, 17291 Prenzlau. Tel. 039 84/80 09 04, www.tourismus-ucker mark.de

Seehausen bei Prenzlau 68

€€ | **Seehotel Huberhof** Typisch bayerisch, auch die Einrichtung inmitten der Schorfheide, direkt am See mit Bootssteg, Schlafen in Harmonie mit der Natur, viel Platz, viel Ruhe, auch im Familienzimmer. ■ Dorfstr. 49, 17291 Oberuckersee, OT Seehausen, Tel. 03 98 63/60 20, www.seehotel-huberhof.de

Templin 69

€ | **Alter Hof am Weinberg** Ferienwohnungen im schmucken Fachwerkhaus, das einst der Alte Fritz 1752 für seinen Scharfrichter bauen ließ. Seit 1920 im Besitz der Familie Liebe, Urlaub auf dem Land mitten in Templin. ■ Weinbergstr. 1, 17268 Templin, Tel. 0 39 87/546 05, www.alterhofam weinberg.de

€ | **Gestüt und Landladen Annenwalde** Ferienwohnungen im einstigen Gutsverwalterhaus, ideal für einen Familienurlaub auf dem Pferdehof, Ausreiten und Reitunterricht möglich. ■ Annenwalde 27, 17268 Templin, OT Densow, Tel. 015 20/380 35 50, www.pferdehof-annenwalde.de

€ | **Pension Wiesenhof** Bed & Breakfast in idyllischer, ruhiger Lage am Templiner Kanal. Idealer Ausgangspunkt zur Erkundung der Uckermark. Geräumige Zimmer mit Kühlschrank, Wasserkocher u.a. ■ Märkische Str. 13, 17268 Templin, Tel. 039 87/439 49 59, www.wiesenhof-templin.com

Angermünde 71

€€ | **Grambauers Kalit** Gemütliches Flair, speziell gestaltete Zimmer und Außenanlage im historischen Zentrum, super Service. ■ Hoher Steinweg 25, 16278 Angermünde, Tel. 033 31/25 25 35, www.grambauers-kalit.de

Löwenberger Land, Schorfheide 72

€€ | **Schloss & Gut Liebenberg** Romantisch und komfortabel. Hier ist wohlfühlen angesagt. Auch ein See-

haus direkt am See ist zu mieten.
■ Parkweg 1a, 16775 Löwenberger Land, OT Liebenberg, Tel. 03 30 94/70 05 00, www.schloss-liebenberg.de

Eberswalde 75

€€ | **Wilder Eber** Seit 2011, ruhige Lage im Grünen, Zimmer teilweise mit Veranda oder Balkon. Angeschlossenes Restaurant mit Kaminzimmer. Auszeichnung »Brandenburger Gastlichkeit«. ■ Heegermühler Str. 16, 16225 Eberswalde, Tel. 033 34/245 51, www.wilder-eber.de

Chorin bei Eberswalde 75

€€ | **Seehaus Brodowin** Idyllische Alleinlage direkt am Parsteiner See mit privatem Seezugang. Platz für bis zu acht Personen, vier Schlafzimmer, Küche, Waschmaschine und Fernseher. Etwa 2 km vom Ökodorf Brodowin entfernt. ■ Pehlitz 16, 16230 Chorin, OT Brodowin, www.seehaus-brodowin.de

Kienitz im Oderbruch 79

€ | **Erlenhof** Romantische Nächte im Schäferwagen, in der Blockhütte oder im Steinhaus. ■ Kienitzer Oderstr. 51, 15324 Letschin, OT Kienitz Nord, Tel. 03 34 78/389 80, www.erlenhof-im-oderbruch.de

Strausberg 80

€€ | **The Lakeside Burghotel zu Strausberg** Schön gelegenes Hotel mit komfortablen Zimmern. Mit Wellnessanlage. ■ Gielsdorfer Chaussee 6, 15344 Strausberg, Tel. 0 33 41/346 90, www.burghotel-strausberg.de

Märkische Schweiz 81

€€ | **Strandhotel Buckow** Das erste Umwelthotel im Land, moderner Komfort, mit Blick auf den Schermützelsee, Wellness- und Kneipp-Oase, mit Sauna. ■ Wriezener Str. 28, 15377 Buckow, Tel. 03 34 33/ 297, www.strandhotel-buckow.de

ADAC *Das besondere Hotel*

Ob hoch oben im Verladeturm des Denkmalensembles **Hafen Groß Neuendorf** oder in einem der fünf historischen Bahnwaggons der früheren Oderbruchbahn – das Übernachten ist ein Vergnügen. Man schläft direkt am Wasser und am Oder-Neiße- sowie am Oderbruchbahn-Radweg. Wer sich nach mehr Abenteuer oder Kultur sehnt, der geht einfach ins Theater im Bahnwaggon nebenan.
€–€€ | Kulturhafen Groß Neuendorf, Tel. 030/50 56 24 71 oder 432 98 98, www.theater-im-bahnwaggon.de

Oder-Spree- und Dahme-Seenland

Eldorado für Wassersport und Aktivurlaub im Grünen, hält für jede und jeden einzigartige Erlebnisse bereit

In diesem Kapitel:

28 Erkner 86
29 Königs Wusterhausen 87
30 Storkow 89
31 Bad Saarow 90
32 Fürstenwalde 91
33 Frankfurt/Oder 92
34 Beeskow 96
35 Eisenhüttenstadt 96
36 Schlaubetal 97
37 Kloster Neuzelle 97
Übernachten 98

Seen über Seen, etwa 300 an der Zahl im Seenland Oder. Was liegt da näher, als diese Region mit dem Paddelboot, dem Kanu, Segelschiff, Hausboot oder Ausflugsdampfer perfekt zu erkunden. Auch das Rad ist bestens geeignet, um die Stätten der Kunst, Kultur und Historie für sich zu erobern. Natürlich geht das alles auch zu Fuß. Man trifft unterwegs auf gepflegte Dörfer, kleine Städtchen, Kirchen und stille Winkel, alte Eichen und Feldraine – Wellness für die Seele. Als Vorgarten Berlins wird das Dahme-Seenland gerne bezeichnet. Doch die Landschaft ist typisch brandenburgisch – sandige Heidelandschaft, Kieferwälder, und mittendurch sucht sich die Dahme ihren Weg. Schlösser, Museen und technische Denkmäler zeugen von preußischer Geschichte. Im Schloss Königs Wusterhausen z. B. formte Friedrich Wilhelm I. die »Langen Kerls« zu seiner Leibgarde.

ADAC Top Tipp:

8 **Helenesee**
| See |
Klares Seewasser, ein langer Sandstrand und ein Kiefern- und Mischwald mitten im Landschaftsschutzgebiet des Oder-Spree-Seengebiets. Der 250 ha große See ist einer der saubersten Seen Brandenburgs. 95

ADAC Empfehlungen:

16 **Museum Funkerberg, Königs Wusterhausen**
| Museum |
85 Jahre deutsche Rundfunkgeschichte am Entstehungsort der damals modernsten Großrundfunksendeanlage – inkl. Modell des Antennenwalds auf dem Funkerberg. 88

 Museum Viadrina, Frankfurt/Oder

| Museum |

Der Hauptsitz des größten kulturhistorischen Museums Ostbrandenburgs ist ein ehemaliges Junkerhaus. 94

 Kloster Neuzelle

| Architektur |

Barockwunder mit Klosteranlage, Gärten und Klosterbrauerei La Distillerie – die letzte produzierende Kloster-Schaubrennerei überhaupt. 97

28 Erkner

Spurensuche auf dem Literaturpfad und im einstigen Kalkberg

 Information

■ Tourist-Info, Historisches Rathaus, Am Markt 19, 17268 Templin, Tel. 0 39 87/ 26 31, www.templin.de, Mo–Fr 9–18 Uhr

In der Kleinstadt des Landkreises Oder-Spree dreht sich fast alles um Gerhart Hauptmann und seine Werke. Dies ist kaum verwunderlich, denn immerhin verbrachte der Literaturnobelpreisträger (1912) vier Jahre seines Lebens hier und prägt bis heute das kulturelle Leben der Stadt.

Neben der Kunst existiert auch Industrie. Der Freilicht-Industriemuseumspark Rüdersdorf befindet sich nur wenige Kilometer entfernt. Hier wird gezeigt, wie im 19. Jh. Kalkstein aus dem Rüdersdorfer Kalkberg gewonnen und verarbeitet wurde.

 Sehenswert

Heimatmuseum

| Museum |

Das denkmalgeschützte Fachwerkhaus (1760) aus der friderizianischen Kolonisationszeit des 18. Jh. steht seit den 1990er-Jahren gründlich saniert als zentraler Punkt im Museumshof am Sonnenluch. Unter seinem Reetdach befindet sich eine umfassende Sammlung zur Heimatgeschichte. Auch eine Schwarze Küche ist noch im Original zu besichtigen.

■ Heinrich-Heine-Str./Ecke Pfälzer Str., www.heimatverein-erkner.de, Mi, Sa, So 13–17 Uhr, 1,30 €, erm. 0,80 €

Gerhart-Hauptmann-Museum

| Museum |

Seit 1987 ist das Museum in der ehemaligen Villa Lassen untergebracht. Hier in der unteren Etage wohnten der Dichter und seine Familie von 1885–1889. Neben einer ständigen Ausstellung über sein Leben und Werk finden

Das Heimatmuseum Erkner nimmt mit auf eine Zeitreise von der Bronzezeit bis heute

hier zahlreiche literarisch-musikalische Veranstaltungen statt. Außerdem beherbergt das Haus das Ivo-Hauptmann-Archiv und eine umfangreiche Gerhart-Hauptmann-Forschungsbibliothek.

■ Gerhart-Hauptmann-Str. 1/2, www.gerhart-hauptmann.org, Di–So 11–17 Uhr, 2 €, erm. 1,50 €

Gerhart-Hauptmann-Orte
| Wanderweg |

Der 5 km lange Literaturpfad führt an acht verschiedene Orte der Stadt, wo Informationstafeln über Stationen seines Lebens und Schaffens berichten. Zum Teil sind das Orte, die in seinen Werken genau beschrieben sind oder im Zusammenhang mit dem Aufenthalt des Nobelpreisträgers in Erkner (1885–1889) stehen.

■ Start: Gerhart-Hauptmann-Str. 1/2, www.gerhart-hauptmann.org

 Cafés

DEKAFFEE-Rösterei Kleine, aber feine Ladenrösterei. Der Kaffee ist frisch und schmeckt top. ■ Fürstenwalderstr. 2, Tel. 0 33 62/886 61 60, www.dekaffee.de, Mi–Fr 10–13 und 14–18, Sa 10–17 Uhr

 In der Umgebung

Flakensee
| See |

Im 76 ha großen See im Nordosten kann man baden und Wassersport nach Lust und Laune betreiben. Viele Plätze laden hier zum Relaxen ein. Der Aufstieg zum hölzernen Aussichtsturm (1886) auf dem Kranichberg wird mit einem weiten Blick über den See, das Oder-Spreeland und die herrschaftlichen Gründerzeitvillen der

Stadt belohnt. Bei gutem Wetter reicht der Blick bis nach Berlin.

■ www.ab-ins-gruene.de

 Parken

Kostenlos am Fahrbahnrand der Campingplatz-Zufahrt; ebenfalls im Ort (etwa 5 Min. Fußweg).

29 Königs Wusterhausen

Die Stadt mit Dahme zeigt sich auch sehr preußisch

 Information

■ Tourist-Information Dahme-Seenland, Bahnhofsvorplatz 5, 15711 Königs Wusterhausen, Tel. 0 33 75/252 02 50, Mo–Fr 6.30–18, Sa 9–13, April–Sept. auch So 9–13 Uhr

Die größte Stadt im Landkreis Dahme-Spreewald zeigt viele Facetten, pflegt ihre Historie und Kultur, sorgt für viel Sport und Gesundheit. Von Wäldern, Wiesen und Seen umgeben, kommt für Besucher keine Langeweile auf. Städtisches Flair in reizvoller Landschaft sowohl für Kulturinteressierte als auch Naturliebhaber.

 Sehenswert

Schloss
| Schloss |

Es war ein Weihnachtsgeschenk für den 10-jährigen Kurprinzen (später Soldatenkönig Friedrich Wilhelm I.). Das Bauwerk deutet auf eine mittelalterliche Wehrburg zwischen Teltow und Lausitz hin. Heute zu besichtigen sind die ehemaligen königli-

Mitten im Stadtpark steht das Renaissanceschloss Königs Wusterhausen

chen Wohnräume, ausgestattet mit Mobiliar und Gemälden des anfänglichen 18. Jh., darunter auch ein eigenhändiges Gemälde des Soldatenkönigs und die Offiziersgalerie, eine Leihgabe des Hauses Hohenzollern.

■ Schlossplatz 1, Tel. 0 33 75/21 17 00, www.koenigs-wusterhausen.de, April–Okt. Di–So 10–18, Nov.–März Sa, So 10–17 Uhr, nur mit Führung, 6 €, erm. 5 €

Museum Funkerberg
| Museum |

16 *85 Jahre deutsche Rundfunkgeschichte werden wieder lebendig* Entstehungsort der damals modernsten Großrundfunksendeanlage (1926): Hier findet man im Modell des Antennenwaldes auf dem Funkerberg (1938) Funktechnik zum Anfassen. Interes-

sant sind das rekonstruierte provisorische Studio von 1920, welches das erste Weihnachtskonzert übertrug, die Geschichte des legendären Senders 21 und seiner Netzersatzanlage.

■ Funkerberg Sendehaus 1, www.funkerberg.de, Di, Do, Sa, So 13–17 Uhr, 3 €, erm. 1,50 €, unter 12 J. frei, Führungen: 1 €

Der Turm Café-culture
| Aussichtsturm |

Der einstige Wasserturm (1910) dient mit seinen 33,3 m auch als Aussichtsturm. Der Panoramablick nach 110 Stufen Wendeltreppe aufwärts über Stadt und Dahmeland ist fantastisch. Im Café mit Garten gibt es Kaffee, Kuchen und Veranstaltungen, auch im Beisein legendärer Ostrocker. Die Idee: Für den Erhalt des Turms kann man Steine kaufen, die jedoch in der Mauer verbleiben.

■ Funkerberg 3, www.der-turm.kw.de, April–Nov. Mi 18–22, Do–So 11–18, Dez.–März Sa, So 11–17 Uhr

 Restaurants

€–€€ | Jagdschloss 1896 Mit Blick in die Showküche im 120 Jahre alten Restaurant im sonnigen Biergarten und auf der Terrasse am Nottekanal essen. Deutsche Küche und hervorragende Weine stehen im Angebot. ■ Bahnhofstr 25, Tel. 0 33 75/246 81 50, www.jagdschloss-1896.de, tgl. ab 11 Uhr

 Sport

Wenn man bequem bereits in der Stadt lospaddeln kann wie nur in Königs Wusterhausen, spart man Kraft für die Erkundung der vielen lauschigen Seen und Kanäle ringsum. Der **Bootsverleih »Königsboot«**, direkt an der

Schleuse, ermöglicht das. Mit Kajaks und Kanadiern können das auch weniger geübte Paddler ausprobieren. Am Kiosk gibt es zudem Eis und Getränke.

■ Schlossstr. 5–6, Tel. 01 52/26 16 88 97, Mai–Sept. 10–19 Uhr, pro Kanu/Kanadier: 8 €/Std., ab 5 Std. 38 €/Tag, pro Tretboot 1 Std. 6 € bzw. 2 Std. 10 €

30 **Storkow**

Wo es auch noch Störche gibt –
auch im Wappen der Stadt

Information

■ Tourist-Information Burg Storkow, Schlossstr. 6, 15859 Storkow, Tel. 03 36 78/731 08, www.storkow-mark.de, April–Okt. tgl. 10–17, Nov.–März tgl. 11–16 Uhr

Das Herz und ganzer Stolz der Stadt sind die vielen Störche, die in Storkow ihre Heimat haben, und die vollständig rekonstruierte Burg mit neuer mittelalterlicher Fassade.

Sehenswert

Burg Storkow
| Museum |
Seit 2009 – 800 Jahre nach der urkundlichen Ersterwähnung 1209 – steht sie wieder für die Storkower und ihre Gäste offen und ist touristisches und kulturelles Zentrum geworden. Die Erlebnisausstellung »Mensch und Natur – eine Zeitreise« führt im Ambiente der mittelalterlichen Burg durch die jahrtausendealte Natur- und Kulturgeschichte rund um Storkow.

■ Schlossstr. 6, www.burgstorkow.de, April–Okt. tgl. 10–17, Nov.–März tgl. 11–16 Uhr, 4,50 €, erm. 2 €, bis 6 J. frei

Storkower See
| See |
Familien mit Kindern baden am besten unter Aufsicht der Rettungsschwimmer im Strandbad am Storkower See. Schöne Badestellen, allerdings unbewacht, gibt es auch in Storkow-Karlslust, Storkow-Wolfswinkel, Dobrasee bei Schwerin, Springsee und Grubensee bei Limsdorf und Kehrigk.
Ein Erlebnis der besonderen Art bieten der alljährliche Triathlon und das Volkssportliche Seeschwimmen.

■ Seestr. 24, www.strandbad-storkow. de, Mitte–Ende Mai tgl. 10–18, Juni, Juli Mo–Fr 10–18, Sa, So 9–19, Aug. tgl. 10–19, Anfang–Mitte Sept. tgl. 10–18 Uhr

Restaurants

Burgstübchen Kleine, warme Gerichte, Kaffee und Kuchen in der Burg.
■ Schlossstr. 6, Tel. 03 36 78/44 47 34, www.storkow-mark.de, April–Okt. tgl. 10–17, Nov.–März Di–So 11–17 Uhr

Kinder

MitMachPark IRRLANDIA Der naturverbundene Erlebnispark für die ganze Familie, besitzt das höchste Rutschenparadies Brandenburgs. Bereits der verwirrende Aufstieg durch die Gänge ist eine sportliche Herausforderung. Insgesamt gibt es fünf Rutschen von 4–12 m Höhe, darunter zwei Freifallrutschen und drei Wendelröhrenrutschen, die allesamt für reichlich Spaß sorgen. Außerdem im Angebot sind Labyrinthe und Irrgärten sowie ein Kletterzirkus. ■ Lebbiner Str. 1, Tel. 03 36 78/417 32, www.irrlandia.de, Mai–Anfang Okt. tgl. 10–18 Uhr, 8 €, erm. 8 € (inkl. eine Freifahrt), der Familienpass Brandenburg (S. 90) gilt

31 Bad Saarow

*Am »Märkischen Meer« lässt es sich
sehr gut aushalten*

 Information

■ Tourist-Info, Bahnhofsplatz 4, 15526
Bad Saarow, Tel. 03 36 31/43 83 80, www.
bad-saarow.de, April–Okt. Mo–Fr 9-17,
Sa, So 9–16, Nov.–März 10–16, Sa, So
9–15 Uhr

In die faszinierende Naturlandschaft
am Scharmützelsee eingebettet, versprüht die Stadt nicht nur Kur-Wohl-
fühlatmosphäre, sondern auch den
Anreiz, aktiv zu werden: etwa in einem
der schönsten und modernsten Ther-
malsolebäder Deutschlands oder auf
einer Radtour rund um den See. Auch
ein Spaziergang durch die großzügigen Parks oder durch die Viertel der
Landhausvillen bietet sich an.

 Sehenswert

Scharmützelsee
| See |
Der See lässt sich gut mit dem Rad
umfahren. Zwei der empfehlenswer-

ADAC *Spartipp*

Der **Familienpass Brandenburg**
(2,50 €) bietet 549 Ermäßigungen
für Freizeit und Bildung. Der aktuelle Pass gilt jeweils vom 1. Juli–
30. Juni des folgenden Jahres für
mindestens einen Erwachsenen
und ein Kind bis zum vollendeten
18. Lebensjahr. Zusätzlich kann
man von Juli–November Preise
gewinnen.

ten geführten Touren: Adler trifft Zander, 50 km lang. Einen Adler wird man
wohl weniger treffen, dafür aber Zander frisch auf dem Tisch umso mehr.
Beginn und Ende am Bahnhof Bad
Saarow. Die 34 km lange Teufelstour
startet bei Teufel (und mit) Didi (Künst-
lername Diabolo) am kuriosen Fahr-
radmuseum in der Mitte Groß Schau-
ens und führt durch Neu Boston
zurück nach Groß Schauen.
■ www.seenland-oberspree.de

Saarow Therme
| Therme |
Eine Oase der Gesundheit direkt am
Scharmützelsee. Badebecken, Aquafit-
ness, Heukraxe, SalzOase, MusikLicht-
bad oder Sauna erwarten Besucher.
Neben der 675 m² großen Thermal-
solefläche existiert im Außenbereich
ein weiteres Becken mit sportlichen
28 °C. Ein paar Bahnen im Sportbecken
helfen gegen Müdigkeit.
■ Am Kurpark 1, http://therme.bad-
saarow.de, Mai–Aug. Mo–So 9–21,
Sept.–April So–Do 9–21, Fr, Sa 9–23 Uhr,
3 Std. 15 €, Tagesticket 20 €

 Parken

Ein kostenfreies Parkhaus mit zusätzlichen Parkplätzen außen befindet
sich in der Pieskower Straße neben
dem Edeka-Markt.

 Restaurants

€€ | **AS am See** Kulinarische große und
kleine Genüsse, gehoben, aber nicht
abgehoben, nahe der Therme in der
Vinothek, dem Bistro und dem Restaurant nahe dem See. ■ Seestr. 9, Tel.
03 36 31/59 92 44, www.asamsee.de, Mi–
Fr ab 17, Sa, So ab 12 Uhr

€€ | Café Dorsch Nettes Restaurant fernab vom Trubel im einstigen Sommerhaus des Dramaturgen Felix Wenzel aus den 1930er-Jahren. Ungezwungene Atmosphäre bei Currywurst oder Wild- und Fischgerichten. ■ Humboldtstr. 16, Tel. 03 36 31/24 04. www.cafe-dorsch.de, Di–So 12–22 Uhr

32 Fürstenwalde

Stadt an der Spree mit hoch aufragendem Dom

ℹ Information

■ Tourist-Info, Mühlenstr. 1, 15517 Fürstenwalde, Tel. 0 33 61/760 60, www.fuerstenwalde-tourismus.de, Mo–Fr 10–18, Sa 10–14 Uhr

In Fürstenwalde endete einst der schiffbare Teil der Spree. Was für die Schiffer ein Fluch war, brachte der Stadt damals Reichtum und Wohlstand, denn die Waren gen Osten mussten hier umgeschlagen werden. Heute existieren Schleusen und Kanal. Sichtbares Wahrzeichen der Stadt ist der Dom St. Marien.

Sehenswert

Dom St. Marien
| Dom |
Der Dom von 1446 ist hier das älteste Bauwerk – oft zerstört, aber immer wieder neu aufgebaut. Im Inneren des Bauwerks zu besichtigen ist das frei stehende, 12,5 m hoch aufragende Sakramentshaus (1517). Die spätgotische Turmpyramide aus Sandstein besteht aus einem Fuß mit vier Stockwerken. Ebenfalls im Dom zu finden ist das Grabmal des Bischofs von Bülow (1523).

Der Dom St. Marien ist das Wahrzeichen der Stadt Fürstenwalde

■ Domplatz 10, www.domkantorei-fuerstenwalde.de, tgl. 10–16, Winter bis 15, So ab 11 Uhr

Museum Fürstenwalde
| Ausstellung |
Hier erfährt man viel über 10 000 Jahre Erd-, Ur- und Stadtgeschichte, über die Bischofs-, Grenz- und Handelsstadt. Raubritter, Leuchttürme, Schätze, japanisches Bier, Berliner Öfen, politische Unruhen. Erfindungen kommen dabei nicht zu kurz. Besonders ist hier die größte Geschiebesammlung Europas. Der Gesteinsgarten im Bürgerpark am Dom ergänzt die Ausstellung.
■ Domplatz 7, www.museum-fuersten walde.de, April–Okt. Di–So 13–17 Uhr, Nov.–März. Di–So 13–16 Uhr, 4 €, erm. 2 €, Familie 10 €

33 Frankfurt/Oder

Die Grenzstadt erfindet sich neu und zeigt sich international

![Photo of the city with the bridge over the Oder river]

Die Stadtbrücke verbindet Frankfurt/Oder mit der polnischen Stadt Słubice

Information

■ Deutsch-Polnische Tourist-Informa-tion, Große Oderstr. 29, 15230 Frankfurt/Oder, Tel. 03 35/61 00 8 00, www.touris mus-ffo.de, Mo–Fr 10–18, Sa 10–14 Uhr
■ Parken siehe S. 94

Seit 1998 Kleiststadt, erinnert hier fast alles an den großen Sohn der Stadt, der im Jahr 1777 hier geboren wurde: Die Frankfurter Alma Mater Viadrina, die Kleist-Festtage, die Kleist-Gedenk- und Forschungsstätte und drei Spiel-stätten des Kleist Forums sowie die ehemalige Franziskanerklosterkirche (13. Jh.), die Taufkirche des Dichters.

Die Stadtbrücke über die Oder hat ih-re eigene Geschichte. 1945 wurde Frankfurt/Oder zur Grenzstadt, die Dammvorstadt abgetrennt und inner-halb von zwei Tagen vollständig ge-räumt und unter polnische Verwal-tung gestellt. Daraus entstand die heutige Nachbarstadt Słubice. Nicht nur die Stadtbrücke verbindet heute beide.

 ## Sehenswert

 ### Museum Junge Kunst
| Museum |

Das Rathaus (1253) in norddeutscher Backsteingotik und mit prunkvollem

Plan
S. 95

herumgebaut. Berühmt ist die Kirche für ihre großartigen Glasfenster mit 117 Bildfeldern, die nach dem Krieg in die russische Eremitage verbracht und seit 2002 wieder in der Kirche zu bewundern sind. Das Gebäude wird allerdings heute als soziokultureller Veranstaltungsort genutzt.

■ Oberkirchplatz 1, www.st.marien.ffo. de, Nov.–April 10–16, Mai–Okt. 10–18 Uhr, Turmbesteigung Anfang Mai–Okt. 12.05–17 Uhr, 3,50 €, erm. 2 €

❸ Gertraudenkirche
| Kirche |

Als Nachfolger eines früheren Kirchenbaus der Gewandschneiderinnung wurde diese neogotische Backsteinkirche 1878 eingeweiht. Schmuckstücke der Kirche sind die Sauer-Orgel (1879) auf der Westempore mit drei Manualen und 36 Registern sowie zwei Glocken. Zudem sind hier auch die einst ausgelagerten Kunstschätze der Marienkirche zu bewundern: ein fast 5 m hoher Bronzeleuchter, eine gleich große Bronzetaufe und der Altar.
■ Gertraudenplatz 1, www.evangelische-kirche-ffo.de

Südgiebel (14. Jh.) zählt zu den ältesten und größten Rathäusern Deutschlands. Der vergoldete Hering an der Angel (1454) auf dem Giebel symbolisiert den einstigen Heringshandel der Stadt. In der Halle sowie im Packhof des Museums Viadrina (S. 94) wird auch moderne Kunst gezeigt.
■ Marktplatz 1, www.museum-junge-kunst.de, Di–So 11–17 Uhr, 4 €, erm. 3 €

❷ St. Marienkirche
| Architektur |

Sie ist eine der größten fünfschiffigen Hallenkirchen mit Doppelturmfront im norddeutschen Raum. Über 250 mittelalterliche Jahre wurde an ihr

❹ Kleist-Museum
| Museum |

Da das Geburtshaus (1777–1811) Heinrich von Kleists nicht mehr existiert, befindet sich das Museum seit 1969 in der ehemaligen Garnisonsschule. Seit 2013 ist sie mit einem modernen Anbau für die umfangreiche Bibliothek und Dokumentationen zu Kleist versehen. Die Dauerausstellung »Rätsel. Kämpfe. Brüche. Die Kleist-Ausstel-

Im Blickpunkt

Kleist-Route

Die 20 km lange Tour ist ein deutsch-polnisches Gemein-schaftswerk. Zu Fuß oder per Rad erkundbar, führt sie zu Denkmalen und Orten, die einen Bezug zu Heinrich von Kleist (1777–1811) oder seinem Großonkel Ewald Christian (1715–1759) haben. In Frankfurt/Oder gibt es fünf Statio-nen, in Słubice zwei. Die Strecke streift wunderschöne Landschaf-ten zu beiden Seiten der Oder und ist als Gemeinschaftsprojekt etwas ganz Besonderes, Neues.
www.frankfurt-oder.de

lung« würdigt das Universalgenie u.a. mit Faksimiledrucken, Erstausgaben, Bühnenmodellen und Gemälden.

■ Faberstr. 6–7, www.kleist-museum.de, Di–So 10–18 Uhr, 5 € erm. 0,50 €, unter 6 J. frei

 Museum Viadrina
| Museum |

 Die Ausstellung informiert über die Zeit der Prinzen

Die Dauerausstellung zeigt die jahr-hundertelange Stadt- und Universi-täts-, Militär- und Musikgeschichte. Im Gebäude selbst wohnten ehemals die Prinzen des brandenburgischen Herr-scherhauses und weitere adlige Stu-denten der ersten brandenburgischen Landesuniversität. Im Jahr 1957 bezog das Museum Viadrina die Räume im Junkerhaus.

■ Carl-Philipp-Emanuel-Bach-Str. 11, www.museum-viadrina.de, Di–So 11–17 Uhr, 4 €, erm. 2,80 €, Familie 8 €

 Konzerthalle Carl Philipp Emanuel Bach
| Veranstaltungsort |

Die Konzerthalle ist die ursprüngliche Kirche des Franziskanerklosters (1270). Nach dem Zweiten Weltkrieg lag das Kloster zerstört. Die Kirche überstand zwar, verfiel aber zusehends. Kirchen-gemeinde und Stadt entschieden im Jahr 1966, das verfallende Gebäude unter denkmalpflegerischen Auflagen als Konzertsaal einzurichten. Heute finden hier zahlreiche Veranstaltun-gen statt.

■ Lebuser Mauerstr. 4, www.bach-frankfurt.de

 Lennépark
| Landschaftspark |

Der Lennépark ist eine der frühesten Volksparkanlagen Deutschlands. Klu-ge Frankfurter verhinderten im Jahr 1834, dass militärisch sinnlos geworde-ne Wallanlagen bebaut wurden. Peter Joseph Lenné als ihr Verbündeter schuf den 8,9 ha großen Park im eng-lischen Stil mit geschwungenen Wegen, inszenierten Baumgruppen, dazwischen findet man Wiesen, künst-liche Wasserläufe und besondere Bäume wie Ginkgo- oder junge Urwelt-Mammutbäume.

■ Halbe Stadt 30, www.frankfurt-oder.de

 Parken

Günstig parken kann man auf dem Brunnenplatz mit 250 Stellplätzen: 2 Std. kosten nur 0,50 €.

 Restaurants

€ | **Frankfurter Kartoffelhaus** Reich-haltiges, rustikales Angebot rund um die Kartoffel und Gerichte aus aller

Welt, im Herzen der Stadt mit Terrasse, direkt an der Oder. Gemütliche, zwanglose Stimmung. ■ Holzmarkt 7, Tel. 03 35/53 07 47, www.frankfurter-kartoffel haus.de, tgl. ab 11.30 Uhr, Plan S. 95 c2

 In der Umgebung

Helenesee

| See |

8 *Naherholungsgebiet etwa 8 km südlich der Stadt*

Der See mitten im Landschaftsschutz- gebiet des Oder-Spree-Seengebietes eignet sich für einen Tagesausflug ebenso wie für einen längeren Urlaub. Er erstreckt sich über eine Fläche von 250 ha und ist einer der saubersten

Seen Brandenburgs. Das Wasser ist klar, an den langen Sandstrand grenzt ein schattiger Kiefern- und Mischwald. Es gibt Tennis-, Volleyball- und Fußball- plätze, einen Fahrrad-, Boots- und Surfbrettverleih, eine Tauchschule und Gastronomie. Im Osten und Westen gibt es zudem FKK-Bereiche.

■ www.seen.de/helenesee

Seelower Höhen

| Museum |

Der Museumsbau erinnert an die letz- ten Kämpfe des Zweiten Weltkrieges, an die größte Schlacht zwischen Roter Armee und Wehrmacht auf deut- schem Boden. Mehr als 100 000 junge Soldaten unterschiedlicher Nationen

Frankfurt/Oder

starben dabei sinnlos. Das Museum zeigt u.a. den Film »Schlachtfeld vor Berlin« und Interviews mit Zeitzeugen.

 Küstriner Str. 28, Seelow, Tel. 0 33 46/ 597, www.gedenkstaette-seelower-hoehen.de, April–Okt. Di–So 10–17, Nov.–März Di–So 10–16 Uhr, 4 €, erm. 3 €

34 Beeskow

Kleine, aber feine Stadt mit viel zeitgenössischer Kunst

ℹ Information

 Tourist-Info, Berliner Str. 30, 15848 Beeskow, Tel. 0 33 66/422 40, www.spree region.de, Mo–Fr 9–18, Mai–Sept. auch Sa 9–15, Okt.–April auch Sa 9–12 Uhr

Die Spree schlängelt sich durch die kleine mittelalterliche Stadt mit Blickfang St. Marienkirche, ein imposanter roter Backsteinbau. Im historischen Stadtkern sind noch Reste einer Stadtmauer zu sehen, perfekt restauriert. Auch der Marktplatz mit seinen sanierten Häusern ist ein architektonisches Schmuckstück geworden.

👁 Sehenswert

Burg Beeskow
| Burg |

Das denkmalgeschützte Ensemble (13. Jh.) besteht aus einem gut erhaltenen Burggraben, Teilen der Burgmauer und einem Bergfried mit Aussichtsplattform in 27 m Höhe. Im Regionalmuseum sind Ausstellungen zur Stadthistorie, zum Salzhaus und Tabakmuseum zu sehen, im Ausstellungszentrum zeitgenössische Kunst, auch aus DDR-Zeit, und im Burghof finden zünftige Feste statt.

 Frankfurterstr. 23, Tel. 0 33 66/35 27 01, www.burg-beeskow.de, April–Sept. Di–So 9–19, Okt.–März Di–So 11–17 Uhr, Tageskarte 6 €, Regionalmuseum 3,50 €, Ausstellungszentrum 3,50 €

35 Eisenhüttenstadt

»Iron Hut City« ist wieder gefragt seit dem Besuch aus den USA

ℹ Information

 Tourist-info Oder-Region, Lindenallee 25, 15898 Eisenhüttenstadt, Tel. 033 64/ 41 36 90, www.tor-eisenhuettenstadt.de, Mo, Fr 9–12, Di, Do 9–12 und 14–18 Uhr

Seitdem Tom Hanks mit dem Trabi durch »Iron Hut City« fuhr, wollen auch viele Amerikaner die Stadt sehen. Die Stadt hat zwei Seiten: die denkmalgeschützte sozialistische Modellstadt (1951 als »Stalinstadt«) und die historische Altstadt Fürstenberg (1255) mit dem alten Fischerkiez und der gotischen Pfarrkirche (14. Jh.).

👁 Sehenswert

Dokumentationszentrum Alltagskultur der DDR
| Museum |

Hier ist viel über die Geschichte der Arbeiter-Wohnstadt des einstigen Stahlstandorts Eisenhüttenkombinat Ost zu erfahren. Die Dauerausstellung zeigt Konzepte für Neue Städte. Das Museumsgebäude (1953) selbst war einst Kinderkrippe, bis diese nicht mehr gebraucht wurde. Eine bleiverglaste Fenstergestaltung des DDR-Künstlers Walter Womacka aus dem Jahr 1954/1955 »Aus dem Leben der Kinder« blieb erhalten.

■ Erich-Weinert-Allee 3, Tel. 0 33 64/41 73 55, www.alltagskultur-ddr.de, Di–So 11–17 Uhr, 4 €, erm. 2 €, bis 7 J. frei

Restaurants

€ | Bollwerk 4 im Deutschen Haus Köstliche regionale Speisen in einem schönen Jugendstilhaus. ■ Lindenplatz 1, Tel. 0 33 64/74 02 64, www.bollwerk4.de, Di–Sa 11.30–13.30 und 17–21, Okt. auch So 11.30–14 Uhr

 # 36 Schlaubetal

Wandern oder Fahrrad fahren im schönsten Bachtal weit und breit

Information

■ Schlaubetal-Information im Haus des Gastes, Kietz 7, 15299 Müllrose, Tel. 03 36 06/772 90, www.amt-schlaubetal.de, Mo–Do 10–15, Fr 10–17, Sa, So 10–14 Uhr

Viel Natur, seltene Pflanzen und Tiere, kein Menschengetümmel. Die Schlaube fließt ruhig dahin, durch Wälder, Wiesen, Binnendünen, kleine Schluchten und Moore, Teiche und Seen. Markiert ist der Wanderweg mit einem blauen S auf weißem Grund. Über 28 km passiert man den Großen Müllroser See und die Wustrower Berge, ehe die Senke des Belenzsees anfängt und man auf die Ragower, Bremsdorfer, Kieselwitzer und Schlaubemühle trifft. Dazwischen gibt es viel Auwald und kleine Gewässer. Ein schöner Weg, der ohne Anstrengung zu bewältigen ist. Start ist in Müllrose und Ende das BUND Naturschutzzentrum Schlaubemühle mit vielen Informationen zum Schlaubetal.

 # 37 Kloster Neuzelle

 Das einmalige Barockdenkmal steht ganz im Osten

Information

■ Stiftsplatz 7, 15898 Neuzelle, Tel. 03 36 52/61 02, www.neuzelle.de, tgl. 10–18, Winter bis 16 Uhr

Neuzelle ist nicht nur von der herrlichen Natur des Schlaubetals umgeben. Weltweit berühmt wurde der Ort wegen seines Zisterzienserklosters, das zu den bedeutendsten Kunstschätzen weit übers Land hinaus gehört. Das größte Barockdenkmal Nord- und Ostdeutschlands wurde 1268 vom meißnischen Markgrafen Heinrich dem Erlauchten gegründet. Mit seinen beiden Kirchen, Teilen des barocken Klostergartens mit Orangerie und dem restaurierten gotischen Kreuzgang ist es unübertrefflich schön. Die Ausstellungen »ora et labora« und »Auf Leben und Tod« sind ein Muss, ebenso das Museum »Himmlisches Theater – Die Neuzeller Passionsdarstellungen vom Heiligen Grab«. Alljährlicher Höhepunkt ist das Musiktheaterfestival Oper Oder-Spree im Brandenburger Kultursommer. Ein Erlebnis der besonderen Art bietet die Schaubrennerei im Klosterhotel, die 400-jährige Handwerkstradition am Leben erhält und auch zum Verkosten einlädt.

Gefällt Ihnen das?

Wer Backsteingotik und klösterliche Stille wie in Neuzelle mag, der sollte auch die **Klosterruine Chorin** (S. 77) besuchen.

Übernachten

Oder, Spree und Dahme, dazu die unendliche Seenlandschaft – die Region ist wie geschaffen für Wassersportler, für eine Auszeit auf dem Wasser oder am Ufer. Radfahrer und Wanderer verbinden oft alles und finden dazu die vielfältigsten Übernachtungsangebote. Alle sind herzlich willkommen in einer Region, die zunehmend auf Tourismus setzt und dafür vielfältige Schlafstätten schafft. Wer in einem gehobenen Hotel mit Wellnessangeboten übernachten möchte, sollte nach Bad Saarow fahren, ins Ambiente des herrlichen Scharmützelsees. In einer alten Mühle oder in einem historischen Gutshaus geht es etwas uriger zu.

Erkner 86

€€ | Pension Vogelsang Kleine Pension nahe dem Flakensee in ruhiger Lage, Leistung und Preis stimmen hervorragend überein. ■ Vogelsang 17, 15537 Erkner, Tel. 033 62/44 50

Das Hotel A-ROSA in Bad Saarow liegt direkt am Scharmützelsee

Königs Wusterhausen 87

€ | Sophienhof Behagliche Zimmer in Nachbarschaft zur Kreuzkirche, hauseigene Sauna, preisgekrönte Küche im historischen Hotelrestaurant. ■ Kirchplatz 3–4, 15711 Königs Wusterhausen, Tel. 0 33 75/11 77 80, www.hotel sophienhof.de

Zossen bei Königs Wusterhausen 87

€ | Alter Krug Kallinchen Am Motzener See gelegenes Haus mit Drei-Sterne-Komfort, herzliche Gastlichkeit, viel Ruhe und sehr schöner Wellnessbereich. ■ Hauptstr. 15, 15806 Zossen, Tel. 03 37 69/898, www.alter-krug-kallinchen.de

Storkow 89

€€ | Pension Am Wolziger See Familiäre Atmosphäre, neu eingerichtete Zimmer mit und ohne Seeblick, Kaminzimmer mit Bar. Bei schönem Wetter kann man auf der Terrasse frühstücken. ■ Kolberger Str. 11, 15859 Storkow, Tel. 03 36 78/40 77 50, www. pension-wolziger-see.de

Reichenwalde bei Storkow 89

€€ | Hotel & Restaurant Alte Schule Gemütliche Gästezimmer in einem alten Schulgebäude. Einfach eingerichtet, aber mit viel Liebe zum Detail. ■ Kolpiner Str. 2, 15526 Reichenwalde, Tel. 03 36 31/594 64, www.restaurant-alteschule.de

Bad Saarow 90

€€€ | A-ROSA Scharmützelsee Empfehlenswertes Wellness- und Golfhotel direkt am Scharmützelsee, fragen Sie nach Angeboten ■ Parkallee 1, 15526 Bad Saarow, Tel. 03 36 31/ 626 82, www.a-rosa-resorts.de

Fürstenwalde 91

€ | Haus am Spreebogen Direkt an der Spree, stilvolle Atmosphäre, alle Zimmer mit Spreeblick, freundliches Personal, Parkplätze am Haus. ■ Altstadt 27, 15517 Fürstenwalde, Tel. 0 33 61/ 59 63 40, www.haus-am-spreebogen.de

Frankfurt/Oder 92

€€ | Kossätenhof Lossow Schlafen auf dem einstigen Bauernhof in gemütlichen Ferienwohnungen für 2–4 Personen. Auf dem Hof gibt es einen Park- und Grillplatz. ■ An den Teichen 16, 15236 Frankfurt/Oder, Tel. 03 35/ 52 61 79, www.kossaetenhof.de

€€ | Zur alten Oder Drei-Sterne-Hotel in ruhiger und grüner Lage. Die Zimmer sind alle unterschiedlich geschnitten und individuell eingerichtet. ■ Fischerstr. 32, 15230 Frankfurt/ Oder, Tel. 03 35/55 62 20, www.zuralten oder.de

Beeskow 96

€ | Hotel zum Schwan Ältestes Gasthaus der Stadt (16. Jh.), liebevoll rekonstruiert. Moderne, komfortable Zimmer. ■ Berliner Str. 31, 15848 Beeskow, Tel. 0 33 66/339 80, www.hotel zumschwan.de

€€ | Hotel Märkisches Gutshaus In eleganter Villa nahe dem historischem Zentrum Beeskows und dem Spreepark. ■ Frankfurter Chaussee 48, 15848 Beeskow, Tel. 033 66/337 88 33, www.gutshaus-beeskow.de

Eisenhüttenstadt 96

€ | Pension Schönfließer Stuben Einfach und gemütlich, mit gewissem Ost-Charme, passend zur Stadt, Grillstelle, videoüberwachter Parkplatz. ■ Beeskower Str. 139, 15890 Eisenhüttenstadt, Tel. 0 33 64/41 52 36, www. schoenfließer-stuben.de

Schlaubetal 97

€ | Hotel Kaisermühle Wie im Märchen schön, sehr ansprechende Unterkunft in einer alten Mühle des Schlaubetals. ■ Forststr. 13, 15299 Müllrose, Tel. 03 36 06/880, www.hotel-kaiser muehle.de

Kloster Neuzelle 97

€ | Bierbad-Hotel Kummerower Hof Familiengeführtes Haus, individuelle Zimmer bzw. Blockhäuschen, großzügige Außenanlage zwischen zwei Berghängen, 2 km von der Klosteranlage entfernt, östliches Tor zum Naturpark Schlaubetal. ■ Kummerower Str. 41, 15898 Neuzelle, Tel. 03 36 52/ 81 10, www.bierbad.de

Lausitzer Seenland, Elbe-Elster-Land, Spreewald

Vom Tagebau zum Lausitzer Seenland mit neuen, einzigartigen Landschaften und Attraktionen

Wohl kaum eine andere Region im Osten Deutschlands vollzieht derzeit so eine Wandlung wie die Lausitz. Von der Energieregion zur Seenlandschaft, vom Bergmann zum Seemann, von der Abraumförderbrücke zum Besucherbergwerk F60. Wo sich noch vor wenigen Jahren flächendeckend die Braunkohlebagger in die Tagebaue gruben, entsteht heute auf 7000 ha die größte künstliche Seenlandschaft Europas. Das Lausitzer Seenland. Einige der Restlöcher sind bereits geflutet, anderen kann man noch dabei zusehen. Zwölf Kanäle verbinden und sollen den Spreewald näherbringen. Der gilt nach wie vor als das ultimative Erlebnis. Die grandiosen Bauwerke der noch jungen Urlaubsregion Lausitz sind Industriebauten, die heute als Technische Denkmale und Zeitzeugen in der Landschaft stehen. Zehn dieser Attraktionen, einst unzugängliche Produktionsstätten, sind heute touris-

tische Highlights. Eindrucksvoll und erlebnisreich führt die »ENERGIE-Route Lausitz«, die ebenso zur Europäischen Industrieroute (ERIH) gehört, durch diese Industriegeschichte.

In diesem Kapitel:

38 Cottbus 102
39 Peitz 106
40 Guben 107
41 Forst 109
42 Spremberg 110
43 Senftenberg 110
44 Großräschen 111
45 Bad Liebenwerda 112
46 Schloss Doberlug-Kirchhain 113
47 Finsterwalde 113
48 Spreewald 114
49 Tropical Islands 115
Übernachten 116

ADAC Top Tipp:

9 Besucherbergwerk F60, Lichterfelde-Schacksdorf

| Besucherbergwerk |

Eine der größten Arbeitsmaschinen weltweit. Die jüngste und letztgebaute Kohle-Abraumförderbrücke F60 (1989) ist heute als Besucherbergwerk begehbar. Mit einer Gesamtlänge von 502 m überragt die Stahlkonstruktion den Pariser Eiffelturm um 182 m. 114

ADAC Empfehlungen:

 19 Brandenburgisches Landes-museum für moderne Kunst, Cottbus
| Kunstsammlung |
Im einstigen Dieselkraftwerk werden zeitgenössische Malerei, Fotografie, Plakatkunst, Zeichnung, Druckgrafik sowie Künstlerbücher und Skulpturen (seit Beginn 20. Jh.) ausgestellt. 104

 20 Freilandmuseum Lehde
| Museumsdorf |
Das älteste Freilandmuseum in Brandenburg gewährt Einblick in das Leben sorbischer und deutscher Spreewaldbewohner. 115

 21 Tropical Islands
| Freizeitpark |
Tropenfeeling, langer Sandstrand, Palmen der Südsee, Lagunen und 30 °C. Das ist die Oase in der Niederlausitz. Diese riesige tropische Bade- und Erlebniswelt wuchs auf einem ehemaligen Militärgelände. 115

38 Cottbus

Zweitgrößte Stadt im Land Brandenburg

Der Altmarkt ist das Zentrum von Cottbus, der größten Stadt der Lausitz

Information

■ Tourist-Info in der Stadthalle Cottbus, Berliner Platz 6, 03046 Cottbus, Tel. 03 55/ 754 20, www.cottbus-tourismus.de, April–Okt. Mo–Fr 9–18, Sa 9–14, Nov.–März Mo–Fr 9–18, Sa 9–16 Uhr
■ Parken siehe S. 105

In der historischen Altstadt kann einem schon mal der berühmte Cottbuser Postkutscher begegnen: sowohl als Denkmal an der mittelalterlichen Stadtmauer oder als Stadtführer. Dieser kann auf jeden Fall fehlerfrei aufsagen: »Der Cottbuser Postkutscher putzt den Cottbuser Postkutschkas-

ten.« Den Gartenfürsten Pückler wird man wohl nicht sehen, dafür aber gleich vor den vielen Toren der Stadt sein Schloss Branitz, in dem er auch starb. Eine historische Eisenbahn bringt Besucher vom Stadtinneren direkt vor die Schlosstür, ebenso zum Tierpark und Spreeauenpark.

Sehenswert

1 Stadtmauer
| Wehranlage |

Vor 600 Jahren zum Schutz der Stadt gebaut, gilt sie heute als wichtiges Baudenkmal. Münzturm und Spremberger Turm begrenzen die einst

Plan
S. 105

3 **Brandenburgisches Apothekenmuseum**
| Museum |

400 Jahre alt ist die Löwen-Apotheke am Altmarkt, in der sich das einzige Apothekenmuseum des Landes befindet. Zu sehen ist die komplette Einrichtung (um 1830/Anfang 20. Jh.). Besonders wertvoll sind die drei vollständig eingerichteten Offizinen, Kräuterkammer, Giftkammer und Galenisches Labor. Bemalte Gefäße, Keramiken, Porzellane, Urkunden und Bücher bereichern das Ganze.

◾ Altmarkt 24, Tel. 03 55/239 97, www. brandenburgisches-apothekenmuseum. de, Besichtigung nur mit Führung, Di–Fr 11 und 14, Sa, So 14 und 15 Uhr, 4 €, erm. 2 €, mit Pücklerticket 2 €

4 **Klosterkirche/ Wendische Kirche**
| Aussichtsturm |

Die gotische Backsteinkirche ist Rest eines ehemaligen Franziskanerklosters (um 1300). Sie erinnert an die wendischen Ursprünge der Region und birgt heute ein wichtiges Denkmal der Stadtgeschichte in sich: die Grabplatte des Stadtgründers mit dem Krebs, das heutige Wappentier der Stadt. Mit dem 1. Oktober 1998 und der neuen Evangelischen Klosterkirchengemeinde Cottbus zog wieder religiöses Leben ins Gebäude.

◾ Klosterplatz 1, www.cottbus.de

5 **Oberkirche St. Nikolai**
| Kirche |

Sie ist die größte Kirche (1156) der Niederlausitz. Das Kunstwerk im Inneren:

1200 m lange Wehranlage Heute steht die Maueranlage unter Denkmalschutz. Der Cottbuser Heimatverein hat die wechselvolle Geschichte der Stadtmauer umfassend dokumentiert.

◾ www.heimatverein-cottbus. de

2 **Altmarkt mit Marktbrunnen**
| Platz |

Einst Handelsplatz, heute Marktplatz mit sanierten Bürgerhäusern im sächsischen Barock und klassizistischen Traufenhäusern (18./19. Jh.). Mittendrin stehen zahlreiche Geschäfte, Cafés und kleine Bars sowie ein 4 m hoher Marktbrunnen (1990) mit acht markanten Reliefs aus Reinhardtsdorfer Sand.

In der kleinen Saalstube des Schlosses Branitz hat einst Fürst Pückler gelebt

ist der reich verzierte Altar (1661) mit vielen biblischen Szenen aus Sandstein, Alabasterfiguren und Holzschnitzereien. Eine Besteigung des 55 m hohen Kirchturms ist möglich. Der Ausblick auf die Stadt mit dem wendischen Viertel und der historischen Altstadt lohnt.

◼ Oberkirchplatz 2, www.spreewald-info.de

❻ Brandenburgisches Landesmuseum für moderne Kunst
| Kunstsammlung |

⑲ *Vom Dieselkraftwerk zur Kulturstätte mit zeitgenössischer Kunst*
Das einstige Dieselkraftwerk ist heute Kunstmuseum. Es zeigt zeitgenössische Malerei, Fotografie, Plakatkunst, Zeichnung, Druckgrafik sowie Künstlerbücher und Skulpturen. Das Gebäude ist ein Klinkerbau. Das Kunstmuseum gehört zu der ENERGIE-Route der Lausitzer Industriekultur.

◼ Am Amtsteich 15, www.museum-dkw.de, www.energie-route-lausitz.de, Di–So 10–18 Uhr, 4 €, Kombikarte 6 € für alle Ausstellungen, bis 18 J. frei

❼ Spremberger Turm
| Aussichtsturm |
Eine weitere Schinkel-Umbau-Idee und seit dem Jahr 2007 365 Tage schönste Aussicht über die Stadt von der 28 m hohen Aussichtsplattform. Der ursprüngliche Turm entstand als Tortum im 13. Jh., wurde später dann nach Plänen Schinkels erhöht und mit Zinnen versehen.

Gefällt Ihnen das?

Wer sich für Industriekultur interessiert, sollte nicht nur das umgewandelte Dieselkraftwerk in Cottbus, sondern auch das **Besucherbergwerk F60** (S. 114) nahe Finsterwalde besuchen.

■ Spremberger Str. 21, www.sprember gerturm.de, Jan. tgl. 10–18, Feb.–Nov. So–Mi 10–18, Do–Sa bis 20, Dez. tgl. 10–20 Uhr, 2 €, unter 14 J. frei

8 Schloss und Park Branitz
| Schloss |

Das gibt es nur im Branitzer Schloss und Park: originales Interieur des Fürsten Pückler, seine Bibliothek, das einzige Porträt der legendären Machbuba, der Prinzessin vom Kairoer Sklavenmarkt, oder orientalische Kanopen, originale Tapeten, bemalte Orientteppiche und Musikzimmer. Der Park mit den berühmten Pyramiden ist Lebens-, Alters- und Meisterwerk des großen Visionärs.

■ Robinienweg 5, April–Okt. tgl. 10–18, Nov.–März Di–So 11–16 Uhr, 6,50 € erm. 4,50 €, Park ganzjährig geöffnet und frei zugänglich

ADAC *Spartipp*

Das **Pücklerticket** gilt für die komplette Nutzung des ÖPNV (Busse und Bahnen) im Stadtgebiet. Zudem gewährt es bei den meisten Sehenswürdigkeiten ermäßigte Eintrittspreise. Tickets erhält man an jedem Fahrscheinautomaten sowie in Bus und Straßenbahn.
Ticket 3,60 €, erm. 2,60 €

P Parken

Überall in der Stadt kann man parken. Im Parkhaus Spree Galerie (Karl-Marx-Str. 68) oder im City Parkhaus (August-Bebel-Str.) kosten 2 Std. ab 1,60 €. Auf dem Parkplatz Kastanienallee kosten bis zu 12 Std. nur 3 €.

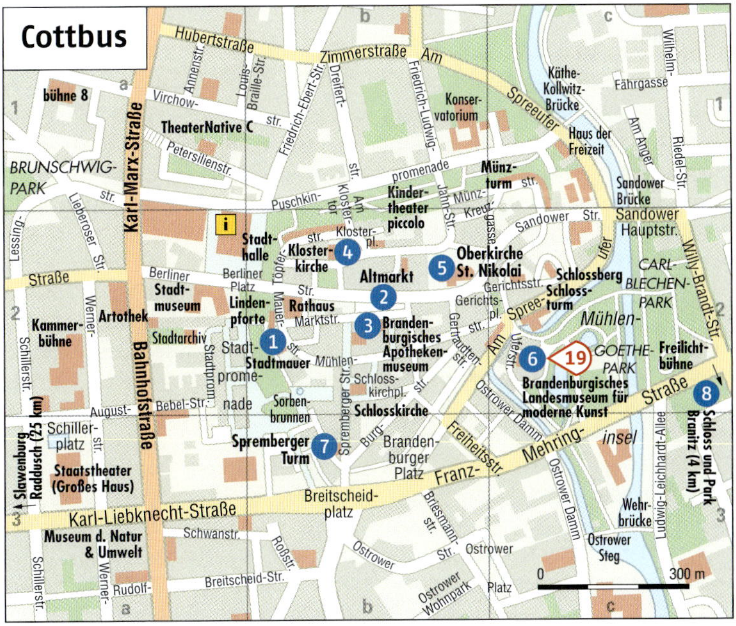

Cottbus

(Stadtplan/Karte Cottbus mit Straßen und Sehenswürdigkeiten)

0 ———— 300 m

In der Slawenburg Raddusch kann man in die Vergangenheit eintauchen

Bühne

Staatstheater Cottbus Es ist das einzige staatliche Theater in Brandenburg mit eigenen Ensembles. Auf dem Programm stehen Schauspiel, Musiktheater, Orchester und Ballett. ■ Schillerstr. 1 Tel. 03 55/782 40, www.staatstheater-cottbus.de, Plan S. 105 a3

Events

Höhepunkt des **Cottbuser Karnevals** ist der größte Karnevalsumzug Ostdeutschlands. Neben Kamelle gibt es hier Spreewaldgurken, Pfannkuchen und Quarkkeulchen aus den Wagen. Etwa 200 Clubs aus ganz Deutschland sind mit dabei. Bei allem Frohsinn bekommt auch mancher Politiker sein Fett weg.

In der Umgebung

Slawenburg Raddusch
| Museum |

Die kreisrunde Wallkonstruktion (9./ 10. Jh.) sieht der Form nach wie eine moderne Sportarena aus. Das eigenwillige Gebilde aus Stämmen, Ästen, Lehm und Erde ist jedoch eine nachgebildete wehrhafte Burganlage der alten Slawen, die hier einst siedelten und sich damit vor Feinden schützten. Im Rundgang der Mauer befindet sich eine faszinierende multimediale Archäologie-Ausstellung.
■ Zur Slawenburg 1, Vetschau, OT Raddusch, Tel. 03 54 33/555 22 www.slawenburg-raddusch.de, April–Okt. tgl. 10–18, Nov.–März tgl. 10–16 Uhr, 6 €, erm. 4,50 €

39 Peitz

Die Stadt ist nicht nur durch ihre leckeren Karpfen berühmt

Information

■ Tourist-Info Peitzer Land, Markt 1, 03185 Peitz, Tel. 03 56 01/81 50, http://tourismus.peitz.de, April–Okt. Mo–Fr 8.30–18, Sa 9–13, Nov.–März Mo, Mi–Fr 8.30–17, Di bis 18 Uhr

Das Schönste an der Stadt im Vorspreewald ist ihr historischer Stadtkern mit Bürgerhäusern des 17.–20. Jh., dem Rathaus und der Kirche. Der Schaugiebel des Rathauses im Tudorstil ist prächtig. Ein riesiger Festungsturm thront über alldem und erinnert an stürmische Zeiten. Aus diesen stammen auch die Peitzer Teiche. Zur langjährigen Tradition der Stadt gehört das alljährliche Fischerfest im August.

Sehenswert

Fischereimuseum
| Museum |

Das Museum zeigt auf 200 m² wertvolle Exponate der Binnenfischerei, darunter eine simulierte Teichlandschaft, Teichdiorama, eine Fischerhütte mit Aquarium und natürlich die Peitzer Karpfen. Auch der Angelsport kommt nicht zu kurz. Das größte Exponat der Dauerausstellung ist ein Hälterkahn aus den 1920er-Jahren.

■ Hüttenwerk 1, www.fischereimuseum. de, April–Okt. Di–So 10–17, Nov.–März Di–Fr 10–16, Sa, So 10–13 Uhr, 3,50 €, erm. 2 €

Erlebnispark Teichland
| Erlebnispark |

Ein beliebtes Ausflugsziel v. a. für Familien mit Tubingbahn mit vier Steilkurven, Minigolfanlage, einem 2000 m² großen Irrgarten. Auch einen Pfad der kleinen Götter gibt es zu entdecken. Hauptattraktion ist die 900 m lange Sommerrodelbahn. Der 57 m hohe Aussichtsturm bietet einen herrlichen Rundblick auf die Peitzer Teichlandschaft sowie die zukünftige »Cottbuser Ostsee« (bis 2030), die nach der Flutung des Braunkohletagebaus Cottbus-Nord (ab 2018) entsteht.

■ Zum Erlebnispark, Tel. 03 56 01/317 29, www.erlebnispark-teichland.de, Park frei zugänglich, Attraktionen mit Chipsystem, April–Okt. tgl. 10–19, März, Nov., Dez. Mi–So 11–17 Uhr, 2,50 €/Chip, bis 14 J. 2 €/Chip

40 Guben

Die Zwillingsstadt an der Neiße mit gemeinsamer Hauptkirche

 Information

■ Tourist-Info, Frankfurter Str. 21, 03172 Guben, Tel. 0 35 61/38 67, www.tourist information-guben.de, Mo–Fr 9–18, Sa 9–13 Uhr

Direkt an der Neiße gelegen, führt im Nordosten der Niederlausitz eine Brü-

V. a. Kindern bereitet die Sommerrodelbahn im Erlebnispark Teichland viel Freude

Eine Brücke über die Lausitzer Neiße verbindet Guben mit dem polnischen Gubin

cke von Guben nach Gubin ins Nachbarland Polen. So kann man in einer Stadt gleich zwei Länder mit ihren unberührten Stadtlandschaften, ausgedehnten Heideflächen, Flusstälern und Seen entdecken. Mutige besuchen Gunther von Hagens' Plastinarium, die erfolgreiche Anatomieausstellung »Körperwelten« mit der »gläsernen Werkstatt«.

● Sehenswert

Stadt- und Hauptkirche Gubin
| Aussichtspunkt |

Der monumentale spätgotische Bau (1508–1557) brannte Ende Februar 1945 völlig aus. Seitdem steht er als Ruine an der Stadtbrücke und gleichzeitig als Mahnmal gegen Krieg und Zerstörung. Eine Gubiner Stiftung und ein Gubener Förderverein engagieren sich seit 2006 für den Wiederaufbau

der Kirche als deutsch-polnisches Begegnungszentrum.

Der 60 m hohe Kirchturm erhielt eine Haube und somit sein ursprüngliches Gesicht. Den instand gesetzten Turm kann man besteigen und einen Blick auf die herrliche Insel mitten in der Neiße genießen, auf der sich auch Reste des einstigen historischen Theaters befinden.

■ www.stadtkirchegubin.de, Turm: April–Okt. Fr–Sa 10–20 Uhr

Stadt- und Industriemuseum
| Museum |

Seit 2006 erhalten Besucher auf 450 m² Einblicke in die Geschichte der Stadt und der Gubener Hut- und Tuchindustrie. Auch ein Film und ein Modell der Stadt werden gezeigt. Revolutionäre, bürgerliche, traditionelle, förmliche, exotische, romantische oder kriegerische Kopfbedeckungen sind ausgestellt. Erstaunlich: Für einen Hut sind sage und schreibe 80 Arbeitsschritte notwendig.

■ Gasstr. 5, www.museen-guben.de, 4 €, erm. 3 €, Familie 6 €

 Restaurants

€ | Dzika Swinia Leckere, hausgemachte polnische Spezialitäten in historischem Ambiente. Wer in Gubin ist, sollte das nicht versäumen. Preiswert, ca.1,2 km von Gubin entfernt. ■ Generala Pulaskiego 154/2, Gubin 66-6620

€ | Luzifer Regionale, täglich frische Produkte, mit eigener Bäckerei vom Brötchen bis zur Torte. ■ Deulowitzer Str.61, Tel. 0 35 61/32 21 76, www.restaurant-guben.de, Di–Fr 11–13.30 und ab 18, Sa, So 11–14 und ab 18 Uhr

41 Forst

Schönste Zeit – Rosenzeit und viele Erinnerungen an Pückler

 Information

■ Tourist-Info, Cottbuser Str. 10, 03149 Forst, Tel. 0 35 62/98 93 50, www.forst-informationen.de, Mai–Sept. Mo-Fr 10–18, Sa 10–13, Okt.–April Mo–Fr 10–17 Uhr

Forst, auf Niedersorbisch Baršć, liegt im Südosten Brandenburgs, allerdings erst seit dem Wiener Kongress im Jahr 1815. Davor war die Stadt sächsisch. Sie hat auch eine Königin, und zwar jedes Jahr eine neue: die Rosenkönigin. Sie präsentiert den berühmten Rosengarten, der ihr in seiner Farbenpracht ab und an auch – ein bisschen – die Schau stiehlt. Eine weitere Attraktion ist die nahe gelegene Muskauer Faltenbogen, ein Relikt der Eiszeit.

 Sehenswert

Ostdeutscher Rosengarten Forst
| Park |

Rosengarten, Wehrinselpark im englischen Stil und die fast unberührte Reisigwehrinsel bilden ein wunderschönes historisches Parkensemble. Zehntausende Rosenstöcke in fast 900 Sorten blühen hier zwischen Wasserspielen, Brunnen, altehrwürdigen Bäumen und steinernen Skulpturen der Gartenkunst. Der Dornröschenpark ist ganz besonders für Kinder gedacht.

■ Rosenpark: Mai–Sept. Mo–So 9–19, Okt.–April Mo–So 9–17 Uhr, 5 €, erm. 2,50 €, bis 6 J. frei, Familie 12 €, die anderen Parks sind ganzjährig geöffnet

Brandenburgisches Textilmuseum
| Museum |

1995 in einer stillgelegten Tuchfabrik eröffnet, vermitteln die Ausstellungen viel Wissenswertes über das traditionelle Tuchmacherhandwerk in Forst. Es existiert dazu eine Tuchmacherschauwerkstatt und eine Bibliothek zur Textilindustrie, in der Besucher die Möglichkeit haben, mehr zu erfahren.

■ Sorauer Str. 37, Tel. 0 35 62/973 56, www.forst-lausitz.de, Juni–Sept. Mo 9–16, Di–Fr 10–17, Sa, So 14–17, Okt.–Mai Di–Do 10–17, Fr–So 14–17 Uhr, 3 €, erm. 1,50 €

 Restaurants

€ | Rosenflair Direkt an den Wasserspielen. Leckere, gutbürgerliche Küche, saisonale, regionale und mediterrane Speisen. Freundlicher, flinker Service. ■ Wehrinselstr. 46, 03149 Forst, Tel. 035 62/69 77 24, www.rosenflair-forst.de, tgl. ab 10 Uhr

42 Spremberg

Stadt mit vielen Sehenswürdigkeiten rund um die Energiewirtschaft

 Information

■ Tourist-Info, Am Markt 2, 03130 Spremberg, Tel. 035 63/45 30, www.spremberger land.de, Mo–Fr 9–18, Sa 9–12 Uhr

Spremberg, sorbisch Grodk, vereint heute gekonnt die Natur im grünen Tal der Spree mit der Energiewirtschaft der Lausitz. Die einst vom Tagebau geprägte Stadt ist auf der Suche nach einer neuen Identität und setzt auf Tourismus. Die Entdeckertour Nr. 7 der ENERGIE-Route der Lausitzer Industriekultur führt die Besucher durch die alte und neue Geschichte der über 900 Jahre alten Stadt und ihre Umgebung, so u.a. zum Schloss mit dem Niederlausitzer Heidemuseum, zum Kraftwerk Schwarze Pumpe, zum Freibad Welzow, zum Weinberg Wolkenberg, zur Alten Mühle Proschim mit Mühlencafé, zum Ostereiermuseum des Erlebnishofes Sabrodt und zur über 500 Jahre alten Auferstehungskirche in Spremberg.

43 Senftenberg

Erholungsparadies der Lausitz mit vielen See-Attraktionen

 Information

■ Tourist-Info, Markt 1, 03130 Spremberg, Tel. 035 73/149 90 10, www.senften berg.de, Jan.–April Mo, Di, Do 10–18, Mi, Fr 10–14, Mai–Okt. Mo 10–18, Di–Fr 9–18, Juni–Aug. auch Sa 10–13 Uhr

Wie viele alte Orte der dünn besiedelten Braunkohleregion hat Senftenberg seit seiner ersten Erwähnung im Jahr 1279 wechselvolle Geschichte(n) erlebt. Einst am Tagebau gelegen, verfügt es heute über den größten künstlichen See Europas und ist für Wassersportler und Familien ein begehrtes Naherholungsgebiet.

Der künstliche Senftenberger See ist heute ein riesiges Freizeitparadies

ADAC *Mittendrin*

Im Mai findet in Spremberg der **Brandenburgtag**, das traditionelle Volksfest seit der Wende, statt. Hier erfährt man viel Typisches aus und über Brandenburg und braucht keinen Eintritt zu zahlen.

 Sehenswert

Senftenberger See
| See |
Der Senftenberger See im Lausitzer Land entstand durch Flutung einer Braunkohlegrube (ab 1967). Heute breitet er sich auf 1300 ha aus und ist eine Top-Adresse zum Baden, Angeln, Spazierengehen, Surfen, Ausflugsdampfer- und Hausbootfahren.
■ www.senftenberger-see.de

Gartenstadt Marga
| Architektur |
Die ehemalige Werkssiedlung der einstigen Ilse-Bergbaugesellschaft gilt als eine der ältesten Werkssiedlungen Deutschlands (1907 und 1915). Der Dresdner Architekt Georg Heinsius von Mayenburg entwarf dafür 78 verschiedene Haustypen, kreisförmig angeordnet. Dazu kommen Festwiese, Sportplatz, Fabrikgarten, Kindergarten und Gärtnerei. 1985 wurde Marga unter Denkmalschutz gestellt.
■ www.lausitzerseenland.de

 Erlebnisse

Mit dem Jeep durch die ehemaligen Tagebaulandschaften der Lausitz oder mit dem eigenen Wagen – die Off-Road-Touren des Senftenberger Autofreaks Oliver Bothe sind bereits le-

gendär und beliebt. ■ Briesker Str. 30 a, Tel. 0 35 73/66 99 13, www.allradtouren. de, Termine nach Absprache, Kosten mit dem eigenen geländetauglichen Wagen ab 150 €, im Miet-Jeep zum Selbstfahren mit Beifahrer ab 260 €

 Sport

Das **Hafencamp Senftenberg See** bietet alles zum Ausleihen an, was man für den Wassersport gebrauchen kann, z.B. Kajaks (7 €/Std.), Ruderboote (8 €/Std.), Tretboote (12 €/Std.) oder Segelboote (30 €/Std.). ■ Str. zur Südsee 2, Tel. 035 73/80 06 00, www.senftenber ger-see.de, April–Okt. 10–18 Uhr

44 Großräschen

Die Stadt mit den IBA-Terrassen und wechselvoller Bergbaugeschichte

i **Information**

■ Tourist-Info, IBA-Terrassen – Besucherzentrum Lausitzer Seenland, Seestr. 1, 01983 Großräschen, Tel. 03 57 53/261 11, www.iba-terrassen.de, März–Okt. Mi–Fr 12–16, Sa, So 10–16 Uhr

150-jährige Bergbautradition, die Lage in der größten Landschaftsbaustelle Europas sowie die Idee und Projekte der internationalen Bauausstellung Fürst-Pückler-Land (2000–2010) machten die Stadt Großräschen weltweit bekannt. Aus der Stadt des Bergbaus entwickelte sich die Seestadt mit eigenem Hafen.
Am Rande des ehemaligen Tagebaus Meuro, der derzeit geflutet wird, breiten sich die IBA-Terrassen an der Seebrücke, über dem Weinberg und an der Victoriahöhe aus. Drei Gebäude-

würfel sind über die Terrassen miteinander verbunden. In den Würfeln befindet sich das Besucherzentrum Lausitzer Seenland mit der Ausstellung »IBA meets IBA«, die einen Überblick über 100 Jahre Internationale Bauausstellungen (IBA) schafft.

 In der Umgebung

Biotürme Lauchhammer
| Architektur |

Hier wurden einst die Prozessabwässer einer nicht mehr vorhandenen Großkokerei geklärt. Die Turmtropfkörper sind einzig verbliebener Teil, in der weltweit erstmalig aus Braunkohle Hochtemperaturkoks hergestellt wurde. Jetzt faszinieren die Biotürme mit ihrer einzigartigen Architektur.

■ Finsterwalder Str. 57, Lauchhammer, Tel. 035 74/86 06 04, www.bioturme.de, So 10–18 Uhr, 3 €, erm. 1,50 €

45 Bad Liebenwerda

Kurstadt mit Puppenspielern und viel gesundem Quellwasser

 Information

■ Tourist-Info, Rossmarkt 12, 04924 Bad Liebenwerda, Tel. 03 53 41/62 80, Mo 10–15, Di–Fr 10–20, Sa, So 14–18 Uhr

Die 700 Jahre alte Stadt öffnet das Tor zum Naturpark Niederlausitzer Heidelandschaft. Berühmt ist sie allerdings mit ihrer Kirche St. Nikolai, wohl v.a. deshalb geworden, weil Martin Luther sie zweimal besuchte, in den Jahren 1519 und 1544. Seit 1905 wird in Liebenwerda gekurt, aber erst seit 1925 darf sich die Stadt offiziell Bad Liebenwerda nennen. Auch das gesunde Quell-

ADAC *Mobil*

Die schnellste und kürzeste Verbindung über die Elbe ist seit 2008 die Brücke in Mühlberg. Sie verbindet Brandenburg und Sachsen, überspannt den Fluss mit einer Länge von 690,5 m und stellt als feste Elbüberquerung, besonders bei Hochwasser oder Eisgang, einen sicheren Übergang dar. Die frühere Fähre schaffte das nicht.

wasser – in Flaschen abgefüllt – macht ihrem Namen alle Ehre.

 Sehenswert

Mitteldeutsches Marionetten-theatermuseum
| Museum |

Die Region Elbe-Elster gilt als Wiege des Marionettentheaters. Dauerausstellungen erinnern an das Leben reisender Marionettenspieler und ihre herrlichen barocken Bühnen, während sie auf dem Lande im Freien auftraten. Auch wunderschöne Marionetten sind zu sehen. Alljährlich Mitte September findet das Puppentheaterfestival des Elbe-Elster-Lands statt.

■ Burgplatz 2, April–Sept. Di–So 10–18, Okt.–März Di–So 10–17 Uhr, 4 €, erm. 2 €

 Kinder

Wonnemar Was will man mehr im Urlaub? Schwimmbecken, Außenbecken mit Strömungskanal, Abenteuer, Wellenbecken, Rutschenturm, Kinderwelt Wonni-Land, Lazy River, Sauna, Aroma-Dampfbad, Kaminruheraum oder Fitnessclub – Spaß, Sport und Entspannung, alles unter einem Dach. ■ Am

Kurzentrum 1, www.wonnemar.de/bad-liebenwerda, Mai–Sept. tgl. 10–21, Okt.–April tgl. 10–22 Uhr, Tageskarte 14 €, erm. 12,50 €

 46 Schloss Doberlug–Kirchhain

Wo einst Sachsen und dann Preußen residierten und jagten

i **Information**

■ Tourist-Info, Schlossplatz 1, 03253 Doberlug-Kirchhain, Tel. 03 53 22/688 85 00, www.doberlug-kirchhain.de, Di–So 10–17 Uhr
■ Schloss: Schlossplatz 1, April–Sept. Di–So 10–18, Okt.–März Di–So 10–17 Uhr, 4 €, erm. 2 €

Markenzeichen der Stadt ist das Jagd- und Residenzschloss. Aus einem ehemaligen Zisterzienserkloster des 12.Jh. wurde es im Stil der Spätrenaissance mit Vierflügelanlage umgebaut. Früher residierten hier sächsische Herzöge. Heute erinnert es an den Übergang einiger Landesteile Sachsens an das Königreich Preußen.

Das Besondere am Schloss auf 1600 m² ist die Architektur mit den Merkmalen eines Jahres. Ursprünglich stand ein Turm für ein Jahr, vier Flügel für die Jahreszeiten, zwölf Giebel für die Monate, 52 Fialen für die Wochen und 365 Fenster für die Tage.

 47 Finsterwalde

Weltweit für ihre Sänger und das Besucherbergwerk F60 bekannte Stadt

i **Information**

■ Tourist-Info, Markt 1, 03238 Finsterwalde, Tel. 035 31/71 78 30, www.finsterwalde-tourismus.de, Mo–Fr 9–17 Uhr

Über die Geschichte der sangeslustigen Stadt informiert eine Dauerausstellung im Sänger- und Kaufmannsmuseum. Seit wenigen Jahren ist Finsterwalde um eine Attraktion ganz in der Nähe reicher: das Besucherbergwerk F60.

Im Blickpunkt

Gartenkünstler: Peter Joseph Lenné und Fürst Pückler

Als preußischer Gartenkünstler und General-Gartendirektor dominierte **Peter Joseph Lenné** (geb. 1798 in Bonn, gest. 1866 in Potsdam) fast ein halbes Jahrhundert die Gartenkunst Preußens. Er arbeitete dabei eng mit Schinkel zusammen. Zwischen 1821 und 1840 entstanden die meisten seiner 120 ländlichen Parkanlagen, neben Sanssouci auch in Frankfurt/Oder, in Lübbenau, Caputh oder in dem kleinen Blumberg bei Berlin. **Fürst Pückler** (geb. 1785 auf Schloss Muskau, gest. 1871 auf Schloss Branitz) entwickelte die englischen Parks in Muskau oder Branitz weiter und ist damit unerreichbar. Auf Ochsenkarren ließ er Mutterboden heranschaffen, verpflanzte ausgewachsene Bäume, sodass schon zu Baubeginn Blickachsen entstanden. Er beschloss den freien Zugang in seine Landschaftsgärten für jedermann.

Im Blickpunkt

Sorbische Bräuche

So wie die Sorben in Deutschland sind auch ihre Bräuche besonders im Süden Brandenburgs rund um Lübbenau verbreitet. Ende Januar wird an Zapust, der wendischen Fastnacht, symbolisch der Winter ausgekehrt. In lustigen Verkleidungen ziehen die Zamperer durchs Dorf und bitten in den Häusern um Eier-, Speck- und Geldspenden. Das Waleien oder Eierrollen zu Ostern erfreut besonders Kinder – ein Brauch, der sich ursprünglich auf die Steigerung der Fruchtbarkeit bezog und für den Bauern Graswuchs fördern sollte. Zur Erntezeit, in den Monaten August und September, startet das spektakuläre Hahnrupfen (Kokot), bei dem Jungen und Männer versuchen, einen geschlachteten Hahn von einem reich verzierten Tor zu erhaschen.

 Sehenswert

Besucherbergwerk F60
| Besucherbergwerk |

9 *Eine der größten Arbeitsmaschinen weltweit*

Die jüngste und letztgebaute Kohle-Abraumförderbrücke F60 ist heute als Besucherbergwerk begehbar. Mit einer Gesamtlänge von 502 m überragt die gigantische Stahlkonstruktion den Pariser Eiffelturm um 182 m. Die Aussicht vom Ausleger aus 78 m auf den Flutungssee darunter (Bergheider) ist grandios. In der einstigen Werkstatt gibt es leckeren Kaffee und Kuchen. ■ Bergheiderstr. 4a, Lichterfeld-Schacksdorf, Tel. 03531/60800, www.f60.de, Sommer tgl. 10–20, Winter Mi–So 11–16 Uhr, Führung ca. 90 Min., 9,50 €, erm. 8,50 €

 Restaurants

€€ | **Finsterwalder Brauhaus** Viele Bierspezialitäten, Treberbrot und Treberbrötchen. ■ Sonnewalderstr. 13, Tel. 03531/2286, www.finsterwalder-brauhaus.de, Mo–Sa ab 18 Uhr

48 Spreewald

In einem der schönsten Wasserlabyrinthe der Welt lässt es sich gut staken

 Information

■ Spreewald-Information, telefon. Beratung unter 03 56 03/75 95 62, www.spreewald-info.de, Mo–Fr 8.30–12, 14–16 Uhr

Das europaweit einmalige Biosphärenreservat mit seinem lagunenartigen Wasserlabyrinth steht seit 1991 unter Schutz der UNESCO. Per Spreewaldkahn, dem Kanu oder auf dem Fahrrad lässt sich diese ursprüngliche Gegend am besten entdecken. Auch die einzigartige Kultur der sorbischen Bewohner kann man hier erleben (s. Im Blickpunkt, S. 114). Und die leckere Spreewaldgurke gibt es überall.

 Sehenswert

Freilandmuseum Lehde
| Museumsdorf |

Ältestes Freilandmuseum Brandenburgs mit sorbischem Flair

Das Freilandmuseum gewährt Einblick in das Leben sorbischer und deutscher Spreewaldbewohner vor über 100 Jahren. Zu sehen sind Hofanlagen aus den verschiedenen Regionen des Spreewalds, die eifrig zusammengetragen und hier liebevoll wiederaufgebaut wurden.

■ An der Giglitza 1a, Lübbenau, OT Lehde, www.museum-osl.de, April–Sept. tgl. 10–18, Okt. bis 17 Uhr, 5 €, erm. 1–3,50 €

Großer Spreewaldhafen
| Hafen |

Der Große Spreewaldhafen in Lübbenau ist ein Treffpunkt für alles und alle. Denn von hier aus staken die Spreewaldkähne los. Das Angebot ist groß: kleine Restaurants, Geschäfte, Imbissläden, Biergärten und natürlich eine Gurkenmeile mit Verkostung.

■ Dammstr. 77a, Lübbenau, www. großer-kahnhafen.de

Spreewaldmuseum Lübbenau
| Museum |

Hier erlebt man die Geschichte der Spreewaldregion in allen Facetten und mit Erlebnisstationen: originale Spreewaldbahn, Filme über Spreewälder Handwerker, Brot formen, Stoffe weben oder einen Schuhleisten puzzeln. Höhepunkt ist die Spreewaldmalerei in der Kunstsammlung Lausitz.

■ Topfmarkt 12, Lübbenau, www.museum-osl.de, April–Okt. Di–So 10–18, Nov.–März Di–So 12–16 Uhr, 5 €, erm. 1–3,50 €

Schloss Lübben
| Museum |

Lebendig und multimedial wird die Geschichte der Niederlausitz im alten sächsischen Schloss der einstigen Regierungsstadt mit Exponaten zum Anfassen von der Bronze- bis Neuzeit präsentiert. Im Schloss auch zu sehen ist das Stadt- und Regionalmuseum, das Schlossrestaurant und im angrenzenden Marstall die Stadtbibliothek.

■ Ernst-von-Houwald-Damm 14, www.museum-luebben.de, März–Okt. Di–So 10–17, Nov.–März Mi–Fr 10–16, So 13–17 Uhr, 4,50 €, erm. 2,50 €

Tropical Islands

Urlaub wie in der Karibik – Tag und Nacht für die ganze Familie

■ Tropical Islands Allee 1, 15910 Krausnick, Tel. 03 54 77/60 50 50, www.tropical-islands.de, tgl. 6–24 Uhr, Tagesticket ohne Sauna 42 €, erm. 33 €, mit Sauna 49 €, erm. 39,50 €

Die weltweit größte freitragende Halle (Länge 360 m, Breite 210 m, Höhe 107 m) war ursprünglich für den Bau eines Cargolifters gedacht. Diese Idee verpuffte jedoch wie viele nach der Wende. Ein neuer Investor aus Malaysia schuf dort einen Indoor-Regenwald und den Außenbereich Amazonia. Hier gibt es ganzjährig auf 35 000 m² zahlreiche Wasserattraktionen und ausgedehnte Liege- und Sportflächen.

Übernachten

Mit Ausnahme des Spreewaldes ist die Region des künftigen Lausitzer Seenlandes noch eine junge Urlaubsregion. Gäste wollen v. a. den Umbruch der einstigen Energieregion erleben. Sie finden für ihre Bedürfnisse hier genau das Richtige, denn neue Landschaften bringen auch neue Ideen hervor. So kann man an der einstigen Tagebaukante genauso gute Hotels finden wie im traditionellen Spreewald. Man kann im kleinsten Gurkenfass oder in der größten frei stehenden Traglufthalle der Welt, dem Tropical Islands (S. 115), übernachten. Die Lausitz zeigt sich familienfreundlich und hält für deren Urlaub zahlreiche Ferienwohnungen parat – in der Stadt, im Wald oder an Seen und Kanälen.

Cottbus 102

€ | **Ahorn** Stilvoll eingerichtetes Privathotel nahe dem Pückler-Park Branitz, Grill-Trabi für Feiern vorhanden. ■ Bautzenerstr. 134, 03050 Cottbus, Tel. 03 55/47 80 00, www.ahorn-hotel-cottbus.com

€€ | **Lindner Congress Hotel** Günstige Lage nahe dem Stadtzentrum, umfangreiches Frühstück. ■ Karl-Marx-Str. 68a, 03046 Cottbus, Tel. 02 11/44 75 51 00, www.lindner.de

Guben 107

€ | **Pension zur Neiße** Komfortabel ausgestattete Zimmer und guter Service, ruhige Lage. ■ Alte Poststr. 55, 03172 Guben, Tel. 035 61/663 00, www.pension-zur-neisse.de

Forst 109

€ | **Hotel Rosenstadt** Im sonnenreichsten Gebiet der Niederlausitz, in ruhiger, wald- und seenreicher Lage. ■ Domsdorfer Kirchweg 14, 03149 Forst, Tel. 035 62/95 10, www.hotel-rosenstadt-forst.de

Spremberg 110

€ | **Zur Post** Einfaches Gasthaus von 1850, helle Holzmöbel, kostenloses WLAN. Auch Frühstücksbüfett und Parkplätze sind gratis. ■ Lange Str. 23, 03130 Spremberg Tel. 035 63/395 50, www.zurpost-spremberg.de

Senftenberg 110

€ | **Hotel-Pension Mandy** Fabelhafte Drei-Sterne-Qualität, Zimmer und Apartments im Stadtzentrum, 1 km vom Senftenberger See entfernt, kostenpflichtiger Parkplatz im Innenhof, sehr guter Service. ■ Kreuzstr. 27, 01968 Senftenberg, Tel. 035 73/79 00 58, www.pensionmandy.de

€€ | **Strandhotel Senftenberger See** Mit Privatstrand und Restaurant. Hervorragendes Frühstück, ruhige, komfortable, stilvolle Zimmer. ■ Am See 3, 01968 Senftenberg, Tel. 035 73/80 04 00, www.senftenberger-see.de

Großräschen 111

€€ | **Seehotel Großräschen** Vier-Sterne-Hotel an der ehemaligen

Tagebaukante Meuro mit sehr guter Ausstattung. Highlight: das Kunstfälschermuseum mit 80 weltbekannten Gemälden im Haus. ■ Seestr. 88, 01983 Großräschen, Tel. 03 57 53/69 06 60, www.seehotel-grossraeschen.de, Museum: 2 €, erm. 1 €

Bad Liebenwerda 112

€€ | **Norddeutscher Hof** Traditionsreiches und modern eingerichtetes Hotel inmitten der Kurstadt, reichhaltiges Frühstück mit Spreewälder Landprodukten. ■ Dresdenerstr. 2, 04924 Bad Liebenwerda, Tel. 03 53 41/6230, www.hotel-bad-liebenwerda.de

Schloss Doberlug-Kirchhain 113

€€ | **Quartier Rautenstock** Edles Hotel in barocker Baukultur mit schönem Garten und großem Parkplatz. Die großen Zimmer sind liebevoll eingerichtet. ■ Hauptstr. 18, 03253 Doberlug-Kirchhain, Tel. 03 53 22/51 21 30, www.quartier-rautenstock.de

Finsterwalde 113

€ | **Goldener Hahn** Herzliche Atmosphäre, professioneller Service, hervorragendes Gourmet-Restaurant. ■ Bahnhofstr.3, 03238 Finsterwalde, Tel. 035 31/22 14, www.schreiber-cuisine.de

Burg im Spreewald 114

€ | **Am Spreebogen** Komfortables Familienhotel im typischen Spreewaldlandhausstil, mit Kahnanlegestelle, Terrasse oder Balkon. ■ Ringchaussee 140, 03096 Burg, Tel. 03 56 03/68 00, www.hotel-am-spreebogen.de

€€ | **Bio-Gasthof Kolonieschänke Burg** Einfaches und hübsches Haus, voll Spreewälder Traditionen. Gemütliche Zimmer. ■ Ringchaussee 136, 03096 Burg, Tel. 03 56 03/68 50 www.kolonieschaenke.de

€€€ | **Hotel zur Bleiche** Gepflegt, alles vom Feinsten, auch die Inneneinrichtung. Mit schönem Wellness- und Spabereich. ■ Bleichestr. 16, 03096 Burg, Tel. 03 56 03/620, www.hotel-zur-bleiche.de

ADAC *Das besondere Hotel*

Für Freiluftfans ist das Minihotel **Übernachten im Gurkenfass** genau das richtige. Urgemütlich für zwei: Der Raum ist 3,30 m lang, misst 2,10 m im Durchmesser und hat einen kleinen Vorraum und Schlafbereich. Die Liegefläche beträgt 2 x 1,40 m oder 1,80 m. Einige Schritte vom Fass entfernt stehen Duschen, Waschbecken und WCs zur Verfügung.

€ | *Dammstr. 59a, 03222 Lübbenau, Tel. 035 42/21 71, www.spreewaldunterkuenfte.de, 1 ÜN 35 €*

Die Kulturlandschaft Fläming

*Die stille historische Kulturlandschaft mit längster Skaterbahn
vereint Traditionelles und Modernes auf besondere Weise*

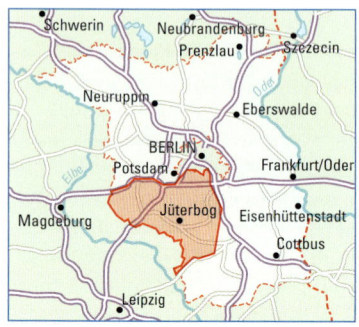

Der Fläming hat etwas Erhabenes und Beruhigendes an sich. Seinen Namen verdankt er den Flamen, die es früher in diese Region zog und Burgen bauten. Wer also eine Vorliebe für mittelalterliche Burgen und Feste hat, für Herrenhäuser und Feldsteinkirchen, der wird im Fläming fündig – zwischen Eichen, Hainbuchen, Kiefern- und Stieleichenwälder und Erlenbrüchen.

Die historisch gewachsene Kulturlandschaft reicht über das Land Brandenburg bis ins östliche Sachsen-Anhalt hinein. Dabei ist die wellige bis hügelige Landschaft zwischen Teltow, Luckenwalde und Bad Belzig auf der Brandenburger Seite gespickt mit seltenen Pflanzen und Tieren. Arnika und Enzian wachsen nicht nur in Bayern. Orchideen nicht nur in den Tropen. Im Naturpark Fläming findet man sie alle. Selbst der seltene Elbebiber und die Bachforellen leben hier in den Gewässern. Die Landschaft eignet sich also

hervorragend für einen entspannten Familienurlaub. Und wer genug gewandert und Rad gefahren ist, kann sich in wunderschönen Kleinstädten wie Bad Belzig umschauen oder das Kloster Zinna in Jüterbog besuchen. Die wunderschöne Gegend lässt sich auch ohne Unterbrechung per Inlineskates auf der Flaeming-Skate erobern.

In diesem Kapitel:

50 Dahme 120
51 Kloster Zinna 121
52 Bad Belzig 121
53 Burg Ziesar 122
54 Beelitz 123
55 Teltow 123
Übernachten 124

ADAC Top Tipp:

Internationaler Kunstwanderweg
| Wanderweg |

38 km liegen zwischen den Bahnhöfen Bad Belzig und Wiesenburg. Ein Kunstwanderweg mit 28 deutschen und flandrischen Kunstwerken macht die Strecke zum Kunsterlebnis. Die Objekte und Skulpturen entstanden als Ergebnis zweier Wettbewerbe 2007 und 2010. Einige einheimische Künstler kann man beim Wandern sogar in ihrem Atelier besuchen. 122

ADAC Empfehlungen:

 Kloster Zinna
| Museen |
Zwei Museen unter dem Klosterdach:
das Abteigebäude mit hochgotischen
Fresken und das Siechenhaus. 121

 Burg Rabenstein
| Burg |
Seit Mitte des 12. Jh. thront sie oberhalb des Orts Raben. Zur Burganlage
gehören u. a. ein Rittersaal, eine Folterkammer und eine Kapelle. 122

 Baum & Zeit, Beelitz
| Baumkronenpfad |
Der Baumkronenpfad führt in 20 m
Höhe über das Gelände der ehema-
ligen Lungenheilstätten. 123

 Andreaskirche, Teltow
| Kirche |
Das älteste Gebäude Teltows wurde
von Karl Friedrich Schinkel umgestal-
tet. Lyonel Feininger verewigte es auf
seinem Gemälde »Teltow II«. 123

Vom Turm des Dahmer Rathauses können Besucher über die Stadt blicken

50 Dahme

Fast alles in der Stadt ist barrierefrei zu erreichen

 Information

■ Tourist-Info, Hauptstr. 48/49, 15936 Dahme, Tel. 03 54 51/981 20, www.dahme. de, Mo–Do 10–12, 13–17, Fr 10–12, Mai– Okt. auch Fr 13–16, Sa 10–12, 13–16 Uhr

Trotz ihrer Nähe zur Lausitz pflegt die Stadt im äußersten Zipfel des Flämings auch dessen Sitten und Bräuche. Hier feiert man Fastnacht, backt den Klemmkuchen über offenem Feuer oder trägt die Flämingtracht. Die historische Altstadt lässt sich am schnellsten auf der Flaeming-Skate erobern. Der superglatte Asphalt ist ideal fürs Skaten, aber auch für Radfahrer, Handbiker und Rollstuhlfahrer. Barrierefrei erreicht man aus verschiedenen Richtungen den Stadtkern, entlang der eisernen Stadtmauer, dem Rathaus (19. Jh.), dem Heimatmuseum und dem zur Kulturherberge umgebauten Kloster. So kommt man auch zum barocken Schloss und Schlosspark (18. Jh.) am Rande der Stadt.

 In der Umgebung

Baruther Glashütte
| Technisches Denkmal |

Kunst und Handwerk, Glas und Geschichte, Sport und Erholung bietet der romantische Glasmacherort (1716) von einst. Eine Million gläserner Lampenschirme entstanden hier. Heute kann man Kunsthandwerkern bei der Arbeit zusehen. Das Glasmuseum mit aktivem Brennofen erinnert auch an den in Baruth geborenen Erfinder der Thermosflasche, Reinhold Burger.

■ Hüttenweg 20, Baruth/Mark, Tel. 03 37 04/980 90, www.museumsdorf-glas huette.de, Jan., Feb. Mi–So 10–17, März–Dez. Di–So 10–17 Uhr, 5,50 €, erm. 3 €

 Restaurants

€ | **Gartenlokal am Schwimmbad** Schmackhafte Küche direkt am Freibad, freundliche Bedienung. ■ Schellstr., Tel. 03 54 51/905 85, www.dahme.de, Juni–Aug. tgl. ab 10, Sept.–Mai Mo, Di, Do–Sa 10–14 und 17–22, So 11–22 Uhr

51 Kloster Zinna

 Sehenswertes Kloster in der Hauptstadt des Flämings

 Information

■ Tourist-Information im Kulturquartier, Mönchenkirchplatz 4, 14913 Jüterbog, Tel. 0 33 72/46 31 13, www.jueterbog.eu, Di, Fr–So 10–17, Do 13–18 Uhr
■ Kloster Zinna: Am Kloster 6, www. kloster-zinna.com, Di–So 10–17 Uhr, 5 €, erm. 3,50 €

Jüterbog ist eine kleine Stadt, aber durchaus sehenswert. Die historische Stadtmauer, drei Stadttore, sieben Wehrtürme, die Nikolaikirche (14./15.Jh.) mit dem Tetzelkasten, die Liebfrauenkirche, drei Klöster und ein Rathaus von 1507 schmücken die einstige Handelsstadt (seit 1007).
Das Kloster Zinna beherbergt zwei Museen: Das Abteigebäude mit hochgotischen Fresken präsentiert die Zinnaer Klostergeschichte und die des Zisterzienserordens allgemein. Im Siechenhaus kann man live erleben, wie die Essenzen für den Kräuterlikör Zinnaer Klosterbruder hergestellt werden.

Die Verkostung für Erwachsene ist inklusive. Im alten Zollhaus des Klosters existiert zudem seit 1998 ein Webermuseum.

 Restaurants

€ | **Schmied zu Jüterbog** Herzhafte deutsche Küche in urigem Restaurant im Zentrum Jüterbogs. ■ Markt 12, Tel. 03 3 72/404 55 80, www.schmied-jueter bog.de, tgl. ab 11 Uhr
€€ | **Marché Fläming** Tolle Autobahnraststätte mit frischen und regionalen Produkten, großartiges Büfett, Kinderbereich und Kräutergarten. 24 Stunden tgl. geöffnet! ■ A 9 Richtung München, Tel. 03 38 43/636 14, www. marche-restaurants.com

52 Bad Belzig

 Die 1000-jährige Stadt mit Solebad und einer trutzigen Burg

i Information

■ Tourist-Info, Marktplatz 1, 14806 Bad Belzig, Tel. 03 38 41/387 99 10, www. belzig.de, Okt.–März Mo–Fr 10–17, Sa, So 10–15, April–Sept. Mo–Fr 9–18, Sa, So 10–15 Uhr

Eigentlich passt die monumentale Burg Eisenhardt gar nicht zu diesem beschaulichen Ort. Doch sie ist das Wahrzeichen der 1000-jährigen Stadt und ihr Stolz zugleich. Spätestens alljährlich im August zur Burgfestwoche ist das zu spüren, wenn hier nicht nur die mittelalterlichen Ritter außer Rand und Band sind. Volksfest auf allen Straßen ist angesagt. Neben der Burg besitzt Bad Belzig auch einen historischen Stadtkern.

Entspannung

SteinTherme In sechs Thermalsolebecken, in einer riesigen Saunalandschaft, im stillvollen Wellnessbereich und im schönen Garten kann man gut mit der Familie relaxen. ■ Am Kurpark 15, www.steintherme.de, So–Do 10–21/22, Fr, Sa 10–22/23 Uhr, Tagesticket 15 €, erm. 5 €

 In der Umgebung

Internationaler Kunstwanderweg
| Wanderweg |

 Wandern durch eine Kunstausstellung mitten im Wald

Wandern und Kunst lassen sich durchaus verbinden, wie die 38 km lange Strecke zwischen den Bahnhöfen Bad Belzig und Wiesenburg/Mark beweist. 28 deutsche und flandrische Kunstwerke stehen dort als Ergebnis zweier Wettbewerbe 2007 und 2010. Einige einheimische Künstler kann man sogar in ihrem Atelier besuchen. Über Kunstwerke, Künstler und Projekte informiert ein Katalog, der im Naturpark-

ADAC *Mittendrin*

Das Ende April stattfindende Japanische Kirschblütenfest an der TV-Ahashi-Kirschblütenallee, am ehemaligen Grenzstreifen zwischen Teltow und Berlin, ist ganz speziell. Ein japanischer TV-Sender rief 1990 zu einer großen Spendenaktion auf. Es kamen ungefähr 140 Mio. Yen (ca. 1 Mio. Euro) zusammen, für die 9000 Bäume in Berlin und Brandenburg gepflanzt wurden. 1100 davon kamen auf den ehemaligen Grenzstreifen.

zentrum Hoher Fläming oder in der Tourist-Info Bad Belzig erhältlich ist.

Burg Rabenstein
| Burg |

 Herrlicher Ausblick vom Steilen Hagen in den Fläming

Oberhalb des Orts Raben steht sie seit Mitte des 12. Jh. Der Turm ist mit rund 30 m Höhe der älteste Teil der Burg. Rittersaal, Folterkammer, Eisenkeller, Brunnen, Scheune mit Bohlensparrendach, Rosemarie-Kapelle und Backhaus von 1860 sind zu besichtigen. ■ Zur Burg 49, Rabenstein/Fläming, Tel. 03 38 48/602 21, www.burgrabenstein.de, Mai–Okt. Di–So 9–12 und 13–18 Uhr, 1,20 €, erm. 0,60 €

53 Burg Ziesar

Mit viel kirchlicher Geschichte und mittelalterlichen Funden

 Information

■ Tourist-Info, Mühlentor 15a, 14793 Ziesar, Tel. 03 38 30/127 35, www.burgziesar.de, Mai–Sept. Di–So 10–17, April, Okt. Di–So 10–16 Uhr
■ Burgmuseum: Öffnungszeiten wie Tourist-Info, 5 €, erm. 2–4 €

Eine der wenigen erhaltenen Bischofsresidenzen Brandenburgs steht in Ziesar. Von ihrem 35 m hohen Bergfried aus hat man einen schönen Blick auf die historische Altstadt mit ihren mittelalterlichen Ackerbürgerhäusern, dem Rathaus und dem romanischen Feldsteinturm der Stadtpfarrkirche Heilig-Kreuz. Die Burg beherbergt das Burgmuseum der brandenburgischen Kirchen- und Kulturgeschichte des Mittelalters. Die Dauerausstellung zeigt u.a.Maßwerk- und Vorhangmalereien und zwei mittelalterliche Fußbodenheizungen. Auch die Geschichte der Burg und ihre wechselvolle Geschichte ist hier dokumentiert.

 **Beelitz**

Spargel, Spargel und nochmals Spargel – hier gibt es den besten

i Information

■ Tourist-Info, Poststr. 15, 14547 Beelitz, Tel. 03 32 04/391 55, www.beelitz.de, Di, Do, Fr 9–17 Uhr

Beelitz, die Stadt im Naturpark Nuthe-Nieplitz, hat sich v.a. durch seinen schmackhaften Spargel einen Namen gemacht. Seit über 150 Jahren hier angebaut, setzt sich die Tradition heute in 15 Landwirtschaftsbetrieben fort. In vielen Hofrestaurants kann man das köstliche Gemüse probieren.

◉ Sehenswert

Baum & Zeit
| Baumkronenpfad |

(24) *Über den Wipfeln der Klinik lässt es sich gut spazieren*

Auf dem Gelände der ehemaligen Lungenheilstätten gibt es einen 320 m langen Baumkronen- und Zeitreisepfad. Die einzigartige Architektur der Sanatorien und die historischen Gartenanlagen (Anfang 20. Jh.) kann man so aus ungewöhnlicher Perspektive erleben. Start ist an einem 40 m hohen Ausgangsturm im südlichen Teil.

■ Str. nach Fichtenwalde 13, Beelitz-Heilstätten, www.baumundzeit.de, März–Okt. tgl. 10–19, Nov., Dez. Sa, So 10–16 Uhr, 9,50 €, erm. 7,50 €

ADAC *Wussten Sie schon?*

Spargel als Heilpflanze ist schon seit über 5000 Jahren bekannt. Dank seiner harntreibenden Wirkung hilft er insbesondere bei Blasenbeschwerden.

 Teltow

Innovative kleine Stadt im Speckgürtel südlich von Berlin

i Information

■ Tourist-Info, Marktplatz 1–3, 14513 Teltow, Tel. 0 33 28/478 12 53, www.teltow. de, Mo, Di, Do 10–17, Mi, Fr 10–14 Uhr

Teltow besitzt einen historischen Stadtkern. Im neu entstehenden innerstädtischen Gewerbepark Techno Terrain Teltow möchte die einstige Stadt der Elektroindustrie innovative Ideen wieder neu forcieren.

◉ Sehenswert

Andreaskirche
| Kirche |

(25) *Das älteste Gebäude mit hohem Turm zwischen alten Bäumen*

Karl Friedrich Schinkel gab dem Wahrzeichen Teltows (um 13. Jh.) eine neu-gotische Form mit klassizistischer Ausrichtung. Zierde des Innenbereichs sind ein geschnitztes überlebensgroßes Kruzifix und Flachschnitzereien an Kanzel, Taufe, Empore und Gestühl. Lyonel Feininger verewigte die Kirche auf seinem Gemälde »Teltow II«. Eine Kopie ist im Teltower Heimatmuseum (Hoher Steinweg 13) zu sehen.

■ Breite Str., www.kirche-teltow.ekbo.de

Übernachten

Die flache Landschaft, das gute Klima zwischen Wäldern und Seen, die Stille und viel Platz sind nahezu ideal für Radfahrer, Wanderer und alle, die den Urlaub ruhiger und etwas beschaulicher angehen wollen. Im Fläming findet man alles vor, was das Herz begehrt. Sogar eine Skaterbahn, auf der man bis fast ins Hotel fahren kann. Übernachten im Fläming bietet unendlichen Naturgenuss.

Glashütte bei Dahme 120

€ | **Gasthof Reuner** Im historischen Ambiente, alle Zimmer freundlich eingerichtet, sehr zu empfehlen für diejenigen, die es urwüchsig mögen. ■ Hüttenweg 18, 15837 Glashütte, Tel. 03 37 04/670 56, www.gasthof-reuner.de

Kloster Zinna 121

€ | **Alte Försterei** Romantisches Hotel im Kloster Zinna, von Suiten bis Ferienwohnungen ist hier alles möglich, stilvolle Zimmer. ■ König-Friedrich-Platz 7, 14913 Jüterbog, Tel. 0 33 72/398 23 00, www.alte-foersterei.com

Bad Belzig 121

€€ | **Landhaus Alte Schmiede** Ein Landhotel, wie man es sich wünscht. Wohlfühlatmosphäre, schöne Zimmer. ■ Kunersdorferstr. 1, 14823 Niemegk, OT Lühnsdorf, Tel. 03 38 43/92 20, www.landhausalteschmiede.de
€€ | **Reiter- und Erlebnisbauernhof Groß Briesen** Ideal für Familien mit Kindern, inmitten von Sand, Kiefern und mit unbegrenzten Reitmöglichkeiten, am Rand des Naturparks Hoher Fläming. ■ 14806 Bad Belzig, OT Groß Briesen, Tel. 03 38 46/416 73, www.reiterhof-gross-briesen.de

Burg Ziesar 122

€€ | **Burg Hotel** Komfortable und behagliche Zimmer, romantisches Ambiente wie in einer Burg. ■ Frauentor 5, 14793 Ziesar, Tel. 03 38 30/66 60, www.burghotel-ziesar.de

Wildenbruch bei Beelitz 123

€€ | **Gasthof zur Linde** Wohlfühlen mit Blick auf den historischen Dorfplatz von Michendorf, helle und komfortable Zimmer. ■ Kunersdorfer Str. 1, 14552 Wildenbruch, Tel. 03 32 05/230 20, www.linde-wildenbruch.de

Teltow 123

€ | **Hammers Landhotel** 5 km vom Bahnhof Teltow und 11 km vom Strandbad Wannsee entferntes Landhotel. Gemütliche Zimmer. ■ Genshagener Str. 1, 14513 Teltow, Tel. 0 33 38/414 23, www.hammers-landhotel.de

Diedersdorf bei Teltow 123

€€€ | **Schloss Diedersdorf** Etwas teurer, aber es lohnt sich durchaus, die herrlichen Suiten zu buchen. ■ Kirchplatz 5–6, 15831 Großbeeren, OT Diedersdorf, Tel. 0 33 79/353 50, www.schlossdiedersdorf.de

Foto: Fotolia.com

ADAC Camping- und Stellplatzführer in einem Band!

■ Attraktive Camping- und Stellplätze beliebter Urlaubsregionen in Europa ■ ADAC Klassifikation mit 5-Sterne-Gesamtbewertung ■ Aktuelle Preisangaben ■ Mit Planungs- karte und GPS-Koordinaten ■ Mit ADAC CampCard.

Überall, wo es Bücher gibt, und beim ADAC.

www.adac.de/shop

ADAC *Service Brandenburg*

Beim **ADAC Infoservice**, in den **ADAC Geschäftsstellen** sowie auf dem **Internetportal des ADAC** (www.adac.de) erhalten Sie Informationen zu den Dienstleistungen des Automobilclubs und zu Ihrem Reiseziel. Als **ADAC Mitglied** können Sie zudem das kostenlose **ADAC TourSet® Rund um Berlin** mit vielen Reiseinfos und Karten anfordern oder die **TourSet App** auf dem **Smartphone** oder **Tablet-PC** installieren (www.adac.de/toursetapp).

Rufen Sie bei Notfällen und Pannen den **ADAC Notruf** bzw. den **ADAC Auslandsnotruf** an. Unser Team steht Ihnen rund um die Uhr zur Verfügung.

ADAC Infoservice

Tel. 0 800/510 11 12
Infos zu allen ADAC Leistungen
(Mo–Sa 8–20 Uhr, gebührenfrei)

ADAC Notruf Deutschland

Tel. 0 180/222 22 22
(24 Std., ca. 6 ct/Anruf, max. 42 ct/Min.
aus deutschem Mobilfunknetz)

ADAC Notruf Mobil-Kurzwahl

Tel. 22 22 22
(Gebühren variieren je nach
Netzbetreiber)

ADAC Auslandsnotruf

Tel. +49/89/22 22 22
(Gebühren variieren je nach
Netzbetreiber und Land)

Internet-Serviceangebote des ADAC für Ihre Reiseplanung

Service	Webadresse
Aktuelle Verkehrslage	www.adac.de/verkehr
ADAC Routenplaner	www.adac.de/maps
Infos zu Tankstellen und Spritpreisen	www.adac.de/tanken
Infos zu mautpflichtigen Strecken	www.adac.de/maut
Infos zu Fährverbindungen	www.adac.de/faehren
ADAC TourMail (Aktuelle Infos vor Anreise)	www.adac.de/tourmail
Informationen für Camper	www.adac.de/camping
Informationen für Motorradfahrer	www.adac.de/motorrad
Informationen für Segler und Skipper	www.adac.de/sportschifffahrt
ADAC Reiseangebote	www.adacreisen.de
ADAC Autovermietung	www.adac.de/autovermietung
ADAC Mitfahrclub (offen für alle)	www.adac.de/mitfahrclub
ADAC Versicherungen für den Urlaub	www.adac.de/versicherungen
Weltweite Preisvorteile für ADAC Mitglieder	www.adac.de/vorteile-international

Diese **Produkte des ADAC** könnten Sie interessieren: **ADAC Reiseführer Berlin**, **ADAC Reiseführer Mecklenburg-Vorpommern** und **ADAC Campingführer Deutschland und Nordeuropa** – erhältlich im Buchhandel, bei den ADAC Geschäftsstellen und in unserem ADAC Online-Shop (www.adac.de/shop).

Anreise und Einreise

Auto

Das Autobahn- und Straßennetz in Brandenburg ist sehr gut ausgebaut und meist in einem sehr guten Zustand. Über den Berliner Autobahnring **A 10** ist das Land in allen Himmelsrichtungen mit der Hauptstadt verbunden und damit auch mit vielen Autobahnzubringern. Die **A 9** und **A 13** stoßen aus dem Süden, die **A 2** aus dem Westen, die **A 12** aus dem östlichen Teil (von der polnischen Grenze), die **A 11** und **A 24** aus dem nördlichen Teil zu.

Bahn

ICE, EC oder IC fahren aus allen Richtungen nach Berlin. Das dicht geknüpfte Regionalbahnnetz verbindet zu vielen Zielorten in Brandenburg. Potsdam, Cottbus, Eberswalde, Prenzlau und Wittenberge sind mit dem ICE oder IC zu erreichen. Vom Norden, Süden und Westen Deutschlands her bestehen umsteigefreie Fernverbindungen nach Brandenburg. In Verbindung mit dem S-Bahn-Netz Berlins und dem Liniennetz des Regionalverkehrs Berlin/Brandenburg existieren sternförmig Verbindungen in alle Regionen Brandenburgs auch an den Wochenenden, zumeist im Stundentakt, mind. aber zweistündlich. Vor Ort ergänzen zahlreiche Buslinien das Netz.

Brandenburg Ticket: Festpreis für 1–5 Personen: 1 Tag 29 € (ganz Brandenburg, Berlin sogar bis nach Szczecin Glowny in Polen. Nachts: für 22 € im Nahverkehr durch Berlin, Brandenburg bis Lutherstadt Wittenberg, Dessau, Ueckermünde Stadthafen, an die Mecklenburgische Seenplatte und Stettin (Szczecin). Auch für die 1. Klasse erhältlich.

■ Angebots-, Ausflugs- und Servicetipps auf dem Kundenportal von DB Regio Nordost Deutsche Bahn, Tel. 01806/99 6633 (dt. Festnetz 20 ct/Anruf, dt. Mobilfunknetz max. 60 ct/Anruf), Tel. 0800/150 7090 (gebührenfrei, automatische Fahrplanansage), www.bahn.de

Bus

Brandenburg ist, was Fernbusse angeht, noch ein Stiefkind. Mit Auto oder Bahn kann man an einer nahen Fernbus-Haltestelle auf den Fernbus umsteigen. Unter www.fernbus24.de findet man alle Verbindungen.

Flugzeug

Brandenburg und nahe gelegene Flughäfen sind über öffentliche Verkehrsmittel gut miteinander verbunden. Ob von **Berlin-Tegel** (TXL), **Berlin-Schönefeld** (SXF), **Leipzig** (LEJ), **Hannover** (HAJ) und **Rostock-Laage** (RLG). Von 4–23 Uhr fahren die Airport-Linien RE7 und RB14 halbstündlich von Berlin Hauptbahnhof nach Schönefeld.

Aus Richtung Golm und Potsdam: Die Linie RB22 in Richtung Königs Wusterhausen benötigt 50 Min. bis zum Bahnhof Berlin-Schönefeld Flughafen. Die Züge fahren stündlich.

Aus Berlin kommend: Tarifgebiet Berlin A-B-C (Einzelfahrt Regeltarif: 3,40 €).

Aus Potsdam mit der Linie RB 22: Tarifgebiet Berlin B-C (Einzelfahrt Regeltarif: 3,10 €).

Auch über den Flughafen Leipzig können Besucher aus aller Welt ins Land Brandenburg gelangen, über Bahn, Bus und Mietauto.

Tickets für die Zubringer erhält man an allen VBB-Verkaufsstellen, am Automaten sowie in der DB Navigator App sowie der App VBB Bus & Bahn.

Einreise

Für Österreicher und Schweizer reicht bei der Einreise nach Deutschland die Vorlage eines gültigen Reisepasses oder Personalausweises (Identitätskarte). Kinder bis 12 J. benötigen einen Kinderreisepass.

 Auto und Straßenverkehr

E-Auto und Stromtankstellen

Für E-Autos existiert ein dichtes Netz von 25 Ladestationen. In den zutreffenden Orten sind sie ausgewiesen und zumeist 24 Std. geöffnet.

Parken

Wenn man mit dem Auto zum Bahnhof fährt und dann öffentliche Verkehrsmittel nutzt, bieten sich **Park& Ride-Plätze** an. Die VVB Livekarte im Internet findet man unter www.fahr info.vbb.de.

Zu beachten ist: Wer von Brandenburg einen Abstecher machen möchte, muss in Besitz der **Umweltplakette** sein, denn innerhalb des S-Bahnrings gilt die Umweltzone.

 Barrierefreies Reisen

Brandenburg gehört zu den Vorreitern unter den Bundesländern. Gehandicapte können hier einen erlebnisreichen Urlaub hürdenlos erleben.

■ Informations- und Vermittlungsservice Mo–Fr 9–18 Uhr, Tel. 03 31/200 47 47, www.barrierefrei-brandenburg.de

 Feiertage

1. Januar (Neujahrstag), Karfreitag, Ostermontag, 1. Mai (Maifeiertag), Christi Himmelfahrt, Pfingstmontag, 3. Oktober (Tag der Deutschen Einheit), 31. Oktober (Reformationstag), 25./26. Dezember (1./2. Weihnachtsfeiertag).

 Geld

Kosten im Urlaub

(durchschnittliches Preisniveau)

Tasse Kaffee	2,50 €
Softdrink (Limonade)	2 €
Glas Bier (0,4 Liter)	3,50 €
Glas Wein (0,2 Liter)	4,50 €
Hauptgericht (Restaurant)	15 €
Eintritt Museum Stiftung Preußische Gärten	5 €
Mietwagen / Tag	ab 45 €
ÖPNV (Einzelfahrt Potsdam)	2,10 €

 Gesundheit

Für Österreicher und Schweizer ist die Vorlage einer **europäischen Versicherungskarte** ausreichend.

Apotheken haben i.d.R. Mo–Sa 9–18 Uhr geöffnet.

Brauchen Sie einen Arzt, dann hilft der **ärztliche Bereitschaftsdienst**. In Brandenburg gilt, wie in der gesamten Bundesrepublik, die Tel. 116 117 als einheitliche Rufnummer. Außerhalb der Sprechzeiten der Arztpraxen, an Wochenenden und Feiertagen erhalten Patienten ambulante ärztliche Hilfe bei nicht lebensbedrohlichen Erkrankungen.

Den **Zahnärztlichen Notdienst** finden Sie unter www.kzvlb.de.

Kuren

Dank gesunder Luft und vieler Thermalquellen hat sich Brandenburg zu

Festivals und Events

März:

Deutsch-Polnische Musikfesttage an der Oder (Anfang–Mitte März, Frankfurt/Oder, www.musikfesttage.de) Grenzüberschreitende Musikveranstaltungen an mehreren Orten.

April/Mai

Baumblütenfest (Ende April– Anfang Mai, Werder, www.baumbluetenfest.de) Musik, Tanz und Obstwein auf der traditionellen Festmeile.

Juni

Beelitzer Spargelfest (Anfang Juni, www.beelitzer-spargelfest.de) Das köstliche Gemüse in allen Variationen.

Hussitenfest (Anfang/Mitte Juni, Bernau, www.bernau-bei-berlin.de) Hier trifft man Ritter und Bänkelsänger im historischen Markttreiben.

Neuzeller Klostermarkt (Himmelfahrt, www.bibulibus.com) Handwerk trifft auf Kultur. Dieses Volksfest anlässlich des Himmelfahrtstages wird immer beliebter.

Mittelaltermarkt auf Burg Rabenstein (Mitte Juni und Anfang Aug., www.burg-rabenstein.de) Mit Rittern, Musikern, Gauklern und Kaufleuten seit 22 Jahren.

Juli

Inselleuchten (Anfang Juli, Marienwerder, www.inselleuchten.de) Dreitägiges Festival für Erwachsene mit Feen, Fabelwesen und viel Musik.

Choriner Musiksommer (Kloster Chorin, www.choriner-musiksommer.de) Klassisches Musikevent mit nationalen und internationalen Gästen.

Kloster Zinna Sommermusiken (www.kloster-zinna-sommermusiken.de) Viel Klassik in der Zisterzienserabtei Kloster Zinna.

August

Spreewälder Gurkentag (Mitte Aug., Golßen, www.unterspreewald.de) Gurkenessen, so viel wie man kann.

Brandenburgtag (Ende Aug., Spremberg, www.landesfest.de) Innovative Ideen werden vorgestellt bei viel Musik und leckerem Essen.

Flößerfest (Lychen, wwww.floesserverein-lychen.de) Das Fest lässt altes Brauchtum wiederaufleben.

September

Mühlenfest (Anfang Sept., Wilhelmsaue/Seenland oder Spree, www.tag-des-offenen-denkmals.de) Zum Tag des offenen Denkmals feiert man die lange Tradition Brandenburger Windmühlen.

November

Filmfestival Cottbus (Anfang– Mitte Nov., www.filmfestivalcottbus.de) Osteuropäische Filmemacher stellen ihre Werke vor.

einem beliebten Kurenland entwickelt. Die Kurorte sind meist mit einem reichhaltigen Freizeit- und Wellnessangebot verbunden, das auch von Urlaubern genutzt werden kann.

Kurorte in Brandenburg
- Bad Belzig (S. 121)
- Bad Freienwalde (S. 78)
- Bad Liebenwerda (S. 112)
- Bad Saarow. (S. 90)
- Bad Wilsnack (S. 48)
- Buckow (S. 81)
- Burg im Spreewald (S. 117)
- Rheinsberg (S. 52)
- Templin (S. 69)

Mehr Informationen über die Kurorte in Brandenburg erhalten Sie auch beim Brandenburgischen Kurorte- und Bäderverband e.V., Markt 1, 04924 Bad Liebenwerda, Tel. 0173/293 24 15, www.kurorte-land-brandenburg.de.

Information

Die Adressen der **Tourismusämter** finden Sie jeweils zu Beginn der Ortsbeschreibungen unter »Information« in diesem Reiseführer.
Ausführliche Informationen zum Land Brandenburg bietet auch die Website www.reiseland-brandenburg.de.
Darüber hinaus informiert www.natur-brandenburg.de speziell über die Naturlandschaften, die ein Drittel Brandenburgs einnehmen.
Außerdem gibt es Webangebote der einzelnen Regionen: www.reiseregion-flaeming.de (Fläming), www.havel land-tourismus.de (Havelland), www.ruppinerreiseland.de (Ruppiner Land), www.seenland-os.de (Seenland Oder-Spree) und www.spreewald.de (Spreewald).

Klima und beste Reisezeit

Zwischen ozeanischem und kontinentalem Klima gelegen, herrscht in Brandenburg ein gemäßigtes Klima.
Die Jahresdurchschnittstemperatur liegt bei ca. 9 °C. Kältester Monat ist der Januar mit −1 °C, wärmster Monat der Juli mit durchschnittlich 18 °C.
In den Wintermonaten ist es in der Lausitz meistens deutlich kälter als in der Prignitz, dafür fallen aber auch weniger Niederschläge.
Die beste Reisezeit sind die Monate Mai–Oktober.

Klimatabelle Brandenburg

Monat	Luft (°C) (min./ max.)	Sonne (h/Tag)	Regentage
Jan.	-3/2	2	10
Feb.	-2/4	3	9
März	1/8	4	8
April	4/12	6	9
Mai	8/18	8	10
Juni	11/22	7	10
Juli	13/23	8	9
Aug.	12/23	7	10
Sept.	9/19	5	9
Okt.	6/13	4	8
Nov.	2/7	3	10
Dez.	-1/3	1	11

Medien

Der Fernsehsender **rbb** sendet vom Standort Potsdam-Babelsberg, ebenso die Radiosender **Antenne Brandenburg**, **Radio Fritz** und **Radio Eins**. Lokale Fernsehsender: **PotsdamTV** sowie Lokalradiosender **89.2 Radio Potsdam**.

Tageszeitungen: Potsdamer Neueste Nachrichten, Märkische Oderzeitung und Märkische Allgemeine.

Notfall

Nach einem Unfall sofort anhalten, Unfallstelle absichern und ggf. Erste Hilfe leisten. Bei Personenschäden Polizei verständigen (Notruf 112). Die Notrufzentrale des ADAC hilft Mitgliedern bei Fahrzeugpannen und -unfällen (Tel. 0180/222 22 22).

Unbedingt Kennzeichen, Name und Anschrift von Fahrern und Haltern der am Unfall beteiligten Fahrzeuge sowie deren Haftpflichtversicherung und Versicherungsnummer notieren. Gleiches gilt für die Kontaktdaten von Unfallzeugen, die Unfallstelle fotografieren. In Polen keine fremdsprachlichen Dokumente unterzeichnen, deren Inhalt Sie nicht verstehen. Lassen Sie sich bei Problemen vom ADAC beraten. Schadensansprüche können Sie bei der gegnerischen Versicherung oder mithilfe eines Anwalts (Verkehrsrecht) geltend machen. Dieser wird Ihnen über den Zentralruf der Autoversicherer vermittelt.

Zentralruf der Autoversicherer Auskunftsstelle / GDV

■ Glockengießerwall 1, 20095 Hamburg, Tel. 0800/250 26 00, +49/403 00 33 03 00, www.gdv-dl.de

Öffnungszeiten

Bank

Banken und Sparkassen sind meist Mo–Fr 9–13 und 14.30–16, Do bis 18 Uhr geöffnet. Abheben mit EC- und Kreditkarten ist in allen Filialen auch rund um die Uhr am Automaten möglich. Fast alle Geschäfte, Hotels und Restaurants akzeptieren diese Zahlungsmittel.

Post

Öffnungszeiten sind meist Mo–Fr 8–12 und 14–18 sowie Sa 8–12 Uhr. In kleineren Orten übernehmen Agenturen in Lebensmittel- oder Schreibwarenläden die Postdienste.

Sicherheit

Die Polizei setzt erfolgreich auf das Modell »Sicherheitspartner des Landes Brandenburg im Rahmen der Kommunalen Kriminalprävention« und damit auch auf bürgerschaftliches Engagement für mehr Sicherheit vor Ort.

Diese Partner ersetzen keineswegs Polizei oder Ordnungsamt, aber sie alarmieren die Polizei oder die Behörden/Ämter bei Gefahrenlagen, verdächtigen Feststellungen oder Straftaten. So konnten kriminelle Delikte gesenkt werden. Dennoch ist immer Vorsicht geboten, was Taschen- oder Autodiebstähle angeht, v.a. im Speckgürtel von Berlin und nahe der polnischen Grenze.

In Brandenburg gibt es keine »No-Go-Areas« – also Gegenden, in denen Menschen aufgrund ihrer äußeren Erscheinung einem hohen Risiko rassistisch motivierter Gewalt ausgesetzt sind und in denen sie sich grundsätzlich nicht aufhalten sollten.

Sport

Die Vielfalt der brandenburgischen Landschaft eignet sich ideal für Sport- und Aktivurlaube. Angebote gibt es dafür reichlich. Die Palette reich vom Radfahren und Skaten über Fußball,

Tennis, Golf und Wassersport bis hin zum Angeln.

Angeln

Für die Brandenburger Gewässer, die reich an Hecht, Barsch, Blei, Karpfen, Forellen und Zander sind, gilt: Fischereischein und Angelkarte sind nötig; die Brandenburger Fischereiverordnung ist zu beachten. Angelkarten gibt es bei den jeweiligen Tourismusämtern.

Baden

An den meisten der großen Freizeitseen gibt es zahlreiche Naturbadestellen. Die Regionen sind zudem reich an Strand- und Freizeitbädern, meist von Rettungsschwimmern beaufsichtigt. Darüber hinaus gibt es ca. zehn Thermalbäder, die sowohl für Sport als auch für Erholung und Spaß sorgen.

Radwandern

Zum beliebtesten Freizeitsport gehört sicher das Radfahren. 7000 km ausgebautes Radwegenetz gestalten das Radeln hier zu einem besonderen Vergnügen. Ob mit dem Tourenrad, dem Mountainbike oder dem Rennrad – ausgewiesene Routen führen kreuz und quer durchs Land, v. a. zu beliebten Ferienorten. In allen Regionen bestehen Mietstationen und Reparaturdienste, falls mit dem Rad unterwegs etwas passiert. Das Land setzt verstärkt auf Qualitätsmanagement über das ADFC-Siegel hinaus.

Unter www.maerker.brandenburg.de, Kategorie »Touristische Rad- und Wanderwege«, kann gemeldet werden, wenn bei der Tour Mängel auffallen, z. B. wenn ein Schild fehlt oder mitten auf dem Weg ein großes Loch ist.

■ www.outdooractive.com

Reiten

Die Anzahl der Reiterhöfe im Land Brandenburg wächst zusehends, da sich dieser Sport besonders bei Familien immer größerer Beliebtheit erfreut. Angeboten werden Reitkurse und Kutschfahrten.

■ www.reiseland-brandenburg.de

Skaten

Die 230 km lange **Flaeming-Skate**-Bahn zwischen Jüterbog, Luckenwalde und Petkus sucht ihresgleichen. Sie bietet ein hindernisfreies Vergnügen für alle: Skater, Radfahrer, Familien mit Kinderwagen und Gehandicapte mit Rollstuhl.

■ www.flaeming-skate.de

Wandern

Wandern in allen Regionen Brandenburgs stellt keine großen Herausforderungen dar, denn es gibt nur kleine Erhebungen. Die Wanderwege sind gut ausgeschildert. Wanderkarten liegen in den Tourismusbüros oder Hotels aus.

Wassersport und Wasserwandern

Die Flüsse Elbe, Havel, Spree, Dahme und Spree sowie die zahlreichen Seen sind über Kanäle und Schleusen stark miteinander vernetzt. Alles, was sich auf dem Wasser fortbewegen kann, ist erlaubt und liegt im Trend: vom Motor-, Ruder- und Paddelboot über Segelschiff, Hausboot, Kanu, Kajak, Canadier bis hin zu Tret- oder Gummiboot. Auf 470 Gewässerkilometern ist für Boote mit mehr als 15 PS ein Sportbootführerschein unnötig (Regeln unter www.wanderrudern.de).

Die Wasserschutzpolizei kontrolliert stetig, 1073 km Bundeswasserstraße, 564 km schiffbare Landeswasserstraße und 705 km nicht schiffbare Fließe im Spreewald.

 Wasserschutzpolizei: Tel.033 81/404 90, www.polizei-brandenburg.de

Stadtführungen

Potsdam: Kulinarische Stadtführung Potsdam – Altstadttour mit Besuch der Bauten bedeutender Baumeister (Knobelsdorff, Gontard und Schinkel), Geschichten um die einstige Stadtmauer und den Alten Fritz, Kaffee trinken im ambitionierten Museumscafé, speisen u.a. in vietnamesischem Street Food Restaurant oder probieren der Wareniki im russischen Café.

 Ca. 3 Std., Ticket 33 €, erm. 16,50 €, Buchung unter Tel. 03 31/201 77 66 oder www.eat-the-world.de

Neuruppin: Historische Stadtführung mit einem erfahrenen Stadtführer. Die gewünschte Route kann vor Ort abgesprochen werden und variiert je nach gebuchter Leistung. Eine mögliche Route führt zur Pfarrkirche, zum Schinkel-Denkmal und zum Predigerwitwenhaus, zur Siechenhauskapelle, vorbei am Parzival am See über die Wichmannlinde zur Klosterkirche St. Trinitatis in die historische Altstadt. Weiter geht es zum Fontane-Geburtshaus, dem Alten Gymnasium, zu Friedrich-Wilhelm-Denkmal, Bilderbogenpassage (ehemalige Druckerei Gustav Kühn), Tempelgarten und zur historische Wallanlage. Höhepunkt der Führung ist die Besichtigung des romantischen Tempelgartens mit dem Apollotempel.

 Ca. 1,5 Std., 5 €, erm. 3–4 €, 10.45 Uhr. Konkrete Tage, an denen die Führung stattfindet, findet man im Internet unter www.neuruppin.de

Cottbus: An allen Samstagen von April bis Oktober führt der Cottbuser Postkutscher am Abend durch die Altstadt.

 Treff: 18 bzw. 19 Uhr am CottbusService an der Stadthalle am Berliner Platz 6, 5 €, erm. 4 €

Ballonfahrten

Wer das Land Brandenburg von oben erkunden möchte, kann das mit dem Ballon, mit einem Kleinflugzeug oder Hubschrauber. Es bestehen vielfältige Angebote in allen Regionen.

 www.fun4you.de und www.rundflug-deutschland.com

Telefon und Internet

Internet und WLAN sind bis auf den Spreewald aufgrund der geografischen Lage gut ausgebaut. Bis 2020 soll der Ausbau von Breitband flächendeckend abgeschlossen sein, auch im Spreewald. In den meisten Unterkünften wird WLAN-Nutzung kostenlos angeboten.

Unterkunft und Hotels

Bauern- bzw. Reiterhöfe

Urlaub auf naturnahen Bauern- und Reiterhöfen, die meist mit einer großen Vielzahl an Freizeitangeboten wie Reiten oder Kursen (z. B. Spinnen) verbunden sind, boomen in allen Regionen des Landes.

 www.bauernhofurlaub.de (auch Last-Minute-Angebote)

Camping

Brandenburg hat eine lange Campingtradition mit mehr als 150 Plätzen. Viele liegen direkt am Wasser und sind Ausgangspunkt für Wassersport- oder Radtouren.

Eine detaillierte Beschreibung vieler dieser Plätze bieten die jährlich erscheinenden ADAC Campingführer und ADAC Stellplatzführer, die im Buchhandel oder bei den ADAC Geschäftsstellen erhältlich sind (siehe auch dazugehörige Apps).

Jugendherbergen
Wer Mitglied im **Deutschen Jugendherbergswerk** (DJH) oder in einem anderen Verband der **International Youth Hostel Federation** (IYHF) ist, kann unabhängig vom Alter in einer der zahlreichen Herbergen übernachten. Nähere Auskünfte erteilt:

■ DJH Service-Center Berlin-Brandenburg, Kluckstraße, 310785 Berlin, Tel. 030/264 95 20, www.jugendherbergen-berlin-brandenburg.de, Mo–Do 8–18, Fr 8–15 Uhr

Hotels
Hotels und Pensionen finden Sie im Innenteil des Reiseführers am Ende jedes Kapitels auf den Seiten 42, 64, 82, 98, 116 und 124.

 ### Vergünstigungen

Das Brandenburgische Ministerium für Arbeit, Soziales, Gesundheit, Frauen und Familie des Landes Brandenburg (MASGF) gibt alljährlich den **Familienpass** für 2,50 € heraus, mit dem Familien (mind. ein Erwachsener und ein Kind) bis zum vollendeten 18. Lebensjahr etwa 550 rabattierte Angebote aus den Bereichen Freizeit, Bildung, Sport und Spaß beanspruchen können. Er gilt von Juli ein Jahr lang bis zum darauffolgenden Juni. Zusätzlich werden in der Zeit von Juli bis November monatliche Gewinne verlost. Der jeweilige aktuelle Familienpass ist online unter www.reiseland.de, Gesamtkosten 3,50 € (2,50 € + 1 € Versand) zu bestellen oder in Kiosk/Zeitschriftenladen und bei Getränke Hoffmann zu kaufen. Auch erhältlich in Tourist-Infos, Bücher- und Spielwarenhandlungen, Schulen, Kitas und Bibliotheken.

 ### Verkehrsmittel in der Region

Bahn und Bus
Regionalbahnen und Busse verbinden die Orte im Land Brandenburg untereinander, auch mit Berlin oder dem polnischen Nachbarland. Auskünfte erteilt die Deutsche Bahn. Die S-Bahn Berlin fährt im C-Bereich weit in das Brandenburgische Land hinein, so z. B. im Norden bis Bernau und Oranienburg, im Osten bis Strausberg-Nord, im Süden bis Königs Wusterhausen und im Westen bis Potsdam. Von den S-Bahnstationen fahren Linienbusse in die Urlauberorte. Fahrräder können mit einem zusätzlichen Ticket mittransportiert werden.

Wer ganz entspannt und direkt mit dem Bus zu den schönsten Ausflugszielen gelangen möchte, kann spezielle touristische Linien nutzen. Diese verkehren saisonal und bieten an den Bahnhöfen abgestimmte Umsteigemöglichkeiten zu den Zügen des Regionalverkehrs, so z. B.

Pücklerlinie Buslinie 10 vom Hauptbahnhof Cottbus zum Park Branitz in 30 Min. ■ www.cottbus-tourismus.de, Ticket: 3,60 €, erm. 2,60 €

BiberBus Linie 496 vom Bahnhof Angermünde bis in die Schorfheide Chorin. ■ Fahrplanauskünfte: UVG Uckermärkische Verkehrsgesellschaft mbH, Service-Tel. 033 32/44 27 55, www.uvg-online.de, April–Okt. Mo–Fr 8–18, Sa 8–13

Uhr (Brandenburg Ticket s. o.) oder Ticket 10 €

Burgenlinie 572 Hoher Fläming von Bad Belzig, Bahnhof (Umstieg RE7) über Niemegk nach Raben zum Bahnhof Wiesenburg und dann über Borne, Burg Eisenhardt nach Bad Belzig, Bahnhof (Umstieg RE7) zurück. ■ Fahrplan unter www.burgenlinie.de, Brandenburg Ticket (S. 127) oder Tageskarte, 5,90 €

A400 von Berlin mit dem RE1 der Deutschen Bahn 1 Std. nach Jacobsdorf (Mark). Von dort aus Umstieg in die Ausflugslinie Schlaubetal A400 der Busverkehrsgesellschaft Oder-Spree. Der Bus hält an mehreren Ausflugszielen, sodass ganz individuelle Wanderstrecken und Ausflüge gestaltet werden können. Abgestimmte Fahrpläne garantieren kurze Umsteigezeiten. Es gilt das Brandenburg Ticket (S. 127) oder die Tageskarte VBB-Gesamtnetz: 21 €/Person. ■ Vollständige Abfahrtszeiten unter Tel. 030/25 41 41 41, www.vbb.de oder www.schlaubetal-online.de

Schiff

Brandenburg ist das wasserreichste Land Europas. Seen und Flüsse sind über ein Schleusen- und Kanalnetz sehr gut miteinander verbunden. In allen Himmelsrichtungen sind Bootswanderungen beliebt, mit dem eigenen, gemieteten oder per Hausboot und Ausflugsdampfer. Unzählige Ausleihstationen oder Anlegestellen sind fast überall vorhanden. Auskünfte zu Häfen, Anlegestellen, Schleusen und Ausleihe erteilt die Tourismus-Marketing Brandenburg GmbH, Am Neuen Markt 1, 14467 Potsdam, Tel. 03 31/29 87 30, www.tmb-intern.de

Im **Spreewald** müssen Schleusen von den Bootsführern selbst in Gang ge-setzt werden. Das ist kein Problem, denn Hinweisschilder helfen.

Die **Fahrgastschifffahrt** ist auf allen größeren Gewässern mit ihren Ausflugsdampfern unterwegs. Besonders zu empfehlen sind die Touren auf dem Werbellinsee oder Senftenberger See, in Rheinberg, Potsdam oder mit dem Kahn im Spreewald (Kahnfahrt 2 Std.). Preise sind im Hafen zu erfragen.
■ www.reiseland-brandenburg.de

Mietwagen

Für Mitglieder bietet die ADAC Autovermietung günstige Konditionen an. Buchungen über www.adac.de/auto vermietung, die ADAC Geschäftsstellen oder unter Tel. 089/76 76 20 99.

Zoll

Reisende aus **Österreich** dürfen Waren abgabenfrei mit nach Hause nehmen, wenn diese für den privaten Gebrauch bestimmt sind. Bürger aus der **Schweiz** dürfen Waren im Wert von 300 SFr für den privaten Gebrauch mitnehmen. Es gelten Grenzmengen, die berücksichtigt werden müssen (www.zoll.de, www.bmf.at/zoll, www.zoll.ch).

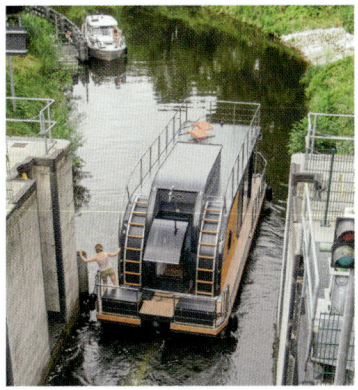

Die Geschichte Brandenburgs

928/929 König Heinrich I. erobert die Brannenborg (Brandenburg) an der Havel, die 937 erstmals in der Stiftsurkunde eines Klosters erwähnt wird.

1157 Albrecht der Bär verlegt seinen Sitz in die Siedlung Brandenburg, und von hier aus regiert er als Markgraf von Brandenburg. In den folgenden Jahrhunderten expandiert das Land in alle Richtungen.

1237 Die Stadt Berlin wird gegründet, im Jahr 1253 folgt Frankfurt/Oder.

Bis zum 14. Jh. Die Askanier und danach die Wittelsbacher bauen die Mark Brandenburg zum größten Fürstentum Deutschlands aus.

1619–40 Unter Georg Wilhelm wird Brandenburg während des Dreißigjährigen Krieges verwüstet und ausgebeutet. Erst sein Sohn Friedrich Wilhelm, der Große Kurfürst, führt es zu einem neuen Aufstieg und damit in die Geschichte Preußens.

1815 Im Zuge einer Neuordnung preußischer Verwaltung entstehen die Regierungsbezirke Potsdam und Frankfurt/Oder. Gemeinsam mit Berlin ist Brandenburg im 19. Jh. das politische Zentrum Preußens und Deutschlands.

1920 Berlin wird als selbstständige Provinz ausgegliedert.

Nach dem Zweiten Weltkrieg Die Gebiete östlich der Oder-Neiße-Linie gelangen in polnische Verwaltung, der übrige Teil in die der sowjetischen Besatzungsmacht.

1947 Brandenburg verabschiedet unter der Regierung K. Steinhoff (1946–1949) eine Verfassung, nach der ein Landtag gewählt wird. Nach Auflösung Preußens durch ein Gesetz des Alliierten Kontrollrats (25.2.1947) werden die Regierungsbezirke aufgehoben, und die Provinz erhält am 24.7. 1947 die Bezeichnung Land.

7. Okt. 1949 Brandenburg wird ein Land der Deutschen Demokratischen Republik (DDR).

1952 Durch Gesetz vom 23.7.1952 werden die Landesregierung und der Landtag abgeschafft, das Land auf vier Bezirke (Cottbus, Frankfurt/Oder, Potsdam, Neubrandenburg) aufgeteilt.

3. Okt. 1990 Mit dem Beitritt der DDR zur Bundesrepublik Deutschland wird das Land Brandenburg wiederhergestellt. Potsdam wird Landeshauptstadt und Manfred Stolpe erster Ministerpräsident.

Statue von Friedrich Wilhelm – 1701 wurde er zu König Friedrich I. gekrönt

Und wann kommt Ihr mal wieder vorbei?

***

Großer Freizeitspaß für die ganze Familie!

ERLEBNISBAD

Von Action im Wellenbecken bis zur Entspannung im prickelnden Whirlpool - Im Erlebnisbad taucht jeder gerne auf!

ESSEN & TRINKEN

Sport live erleben in der Sportsbar, Freunde treffen in der Cocktailbar und lecker snacken in unseren Bars und Restaurants.

SPORT & BEWEGUNG

Sportangebote, die Spaß machen: Willkommen im FitnessCenter, im Sportbad oder bei vielen Indoor-Sportarten und Kursen.

SAUNA & WELLNESS

SaunaSelection

Gutes für Körper und Seele bieten wir in unserer Sauna-landschaft und im Bereich Wellness, Kosmetik & Physio.

www.erlebniscity.de

Stadtservice
Oranienburg GmbH
André-Pican-Str. 42
16515 Oranienburg
kundenservice@erlebniscity.de
Hotline: 03301 5738 1111

Mehr als ein Erlebnis.

ERLEBNISCITY ORANIENBURG

Alle Blickpunkt-Themen in diesem Band:

Roter Adler 30
Der Alte Fritz 32
Baumeister: Das Universalgenie Schinkel 58
Schriftsteller: Von Fontane bis de Bruyn 61

Land der 1000 Seen 39
Naturpark Stechlin-Ruppiner Land 52
Radlerparadies Brandenburg 73
Kleist-Route 94
Gartenkünstler: Joseph Lenné und Fürst Pückler 113

Register

A

Alte Bischofsburg/Museum Dreißigjähriger Krieg, Wittstock 50
Andreaskirche, Teltow 123
Angermünde 71
Angermünder Ketzer 72
Anreise und Einreise 127
Aussichts- und Gedenkplattform zur Schlacht bei Wittstock 1636 51
Auto und Straßenverkehr 128

B

Bad Belzig 121
Bad Freienwalde 78
Bad Liebenwerda 112
Bad Saarow 90
Bad Wilsnack 48
Barrierefreies Reisen 128
Baruther Glashütte 120
Baumblütenfest 129
Baum & Zeit, Beelitz 123
Beelitz 123
Beelitzer Spargelfest 129
Beeskow 96
Bernau 77
Beste Reisezeit 130
Besucherbergwerk F60 114
Biorama Joachimsthal 74

Biotürme Lauchhammer 112
Bismarckturm, Rathenow 39
Blumenthaler Turm 51
Brandenburg 34
- Altstädtisches Rathaus 36
- Archäologisches Landesmuseum 35
- Bürgerpark Marienberg 36
- Dom St. Peter und Paul 35
- Frey-Haus 35
- Gedenkstätte für die Opfer der Euthanasie-Morde 36
- Industriemuseum 36
- Rolandspectaculum 38
- St. Katharinenkirche 35
Brandenburgisches Textilmuseum, Forst 109
Brandenburgtag 111, 129
Brecht-Weigel-Haus Buckow 81
Buckow 81
Burg Beeskow 96
Burg Rabenstein 122
Burg Storkow 89
Burg Ziesar 122

C

Choriner Musiksommer 129
Cottbus 102
- Altmarkt mit Marktbrunnen 103

- Brandenburgisches Apothekenmuseum 103
- Brandenburgisches Landesmuseum für moderne Kunst 104
- Cottbuser Karneval 106
- Klosterkirche/Wendische Kirche 103
- Oberkirche St. Nikolai 103
- Pücklerticket 105
- Schloss und Park Branitz 105
- Spremberger Turm 104
- Staatstheater Cottbus 106
- Stadtmauer 102

D

Dahme 120
Der Turm Café-culture 88
Deutsche Alleenstraße 55
Deutsch-Polnische Musikfesttage an der Oder 129
Doberlug-Kirchhain 113
Dokumentationszentrum Alltagskultur der DDR, Eisenhüttenstadt 96
Dominikanerkloster, Prenzlau 68
Dom St. Marien, Fürstenwalde 91

Register

E

Eberswalde 75
Eisenhüttenstadt 96
Elsterrad-Rundtour 73
Erkner 86
Erlebnispark Teichland 107
Events 129

F

Familiengarten Eberswalde 75
Familienpass Brandenburg 90
Feiertage 128
Fernradweg Berlin–Usedom 73
Festivals 129
Filmfestival Cottbus 129
Filmmuseum »Kinder von Golzow« 80
Finsterwalde 113
Fischereimuseum, Peitz 107
Flaeming-Skate 73
Flakensee 87
Flößerfest 129
Flugplatz Stölln-Rhinow 39
Fontane, Theodor 41, 56, 61
Forst 109
Frankfurt/Oder 92
- Gertraudenkirche 93
- Kleist-Museum 93
- Konzerthalle Carl Philipp Emanuel Bach 94
- Lennépark 94
- Museum Junge Kunst 92
- Museum Viadrina 94
- St. Marienkirche 93
Freilandmuseum Lehde 115
Friedrich der Große 32
Fürstenwalde 91
Fürst Pückler 113

G

Galerie im Hühnerstall, Bernau 77
Galerie im Lendelhaus, Werder 33
Gartenstadt Marga 111
Gaswerk, Neustadt/Dosse 61
Gedenkstätte und Museum Sachsenhausen 62
Geld 128
Geopark und Buchenwald Grumsin 73

Gerhart-Hauptmann-Museum, Erkner 86
Gerhart-Hauptmann-Orte, Erkner 87
Gesundheit 128
Gransee 54
Großer Spreewaldhafen, Lübbenau 115
Großräschen 111
Guben 107

H

Hahnrupfen (Kokot) 114
Hauptmann, Gerhart 61, 86
Havel-Radweg 73
Heimatmuseum, Erkner 86
Heimatmuseum, Gransee 54
Helenesee 95
Holzschuhmachertag 75
Hussitenfest 129

I

Information 130
Inselleuchten 129
Insel Werder 33
Internationaler Kunstwanderweg, Bad Belzig 122
Internationales Festival junger Opernsänger 53

J

Jagdschloss Groß Schönebeck 73
Jagdschloss Hubertusstock 73
Japanisches Kirschblütenfest 122
Judenhof, Perleberg 47
Jüterbog 121

K

Ketzin 40
Kinderbauernhof Mümmelmann, Petershagen 81
Kirchlein im Grünen, Alt Placht 71
Kleist-Route 94
Klima 130
Kloster Chorin 77

Kloster Lehnin 38
Kloster Neuzelle 97
Kloster Stift zum Heiligengrabe 51
Kloster Zinna 121
Kloster Zinna Sommermusiken 129
Königs Wusterhausen 87
Kremmen 63
Kristalltherme 48

L

Lebuser Land 79
Lenné, Peter Joseph 113
Lilienthal, Otto 39
Lindow 55
Lindower Sommermusiken 55

M

Mahn- und Gedenkstätte Ravensbrück 62
Märkische Schweiz 81
Medien 130
MitMachPark IRRLANDIA 89
Mittelaltermarkt auf Burg Rabenstein 129
Mitteldeutsches Marionetten-theatermuseum, Bad Liebenwerda 112
Mühlenfest 129
Museum Altranft - Werkstatt für ländliche Kultur 78
Museum Eberswalde 75
Museum Funkerberg 88
Museum für Stadtgeschichte, Templin 69
Museum Fürstenwalde 91
Museum Junge Kunst 92
Museum Lebuser Land 79

N

Nationalpark Unteres Odertal 71
Naturpark Stechlin-Ruppiner Land 52
Nauen 40
Neuruppin 56
- Altes Gymnasium 57
- Fontane-Denkmal 56
- Klosterkirche St. Trinitatis 57
- Museum Neuruppin 57

Register

- Parzival am See 58
- Predigerwitwenhaus 58
- Schinkel-Denkmal 59
- Schinkel-Kirche 58
- Tempelgarten 57
Neustadt/Dosse 60
Neustädter Hengstparaden 61
Neuzeller Klostermarkt 129
Notfall 131

O

Obstbaummuseum, Werder 33
Oderbruch 79, 81
Oder-Havel-Radweg 76
Oder-Spree-Tour 73
Öffnungszeiten 131
Oldtimermuseum Perleberg e.V., Perleberg 47
Optik-Industriemuseum, Rathenow 39
Optikpark, Rathenow 38
Ostdeutscher Rosengarten Forst 109

P

Peitz 106
Perleberg 46
Pollo Tour 47
Potsdam 18
- Alexandrowka 29
- Belvedere auf dem Klausberg 21
- Bildergalerie 19
- Biosphäre Potsdam 29
- Brandenburger Straße 28
- Chinesisches Haus 24
- Extavium 28
- Filmpark Babelsberg 32
- Friedenskirche 24
- Haus der Brandenburgisch-Preußischen Geschichte 26
- Heilandskirche 31
- Historische Mühle 20
- Holländisches Viertel 25
- Nauener Tor 25
- Neue Kammern 20
- Neuer Garten 30
- Neues Palais 21
- Nikolaisaal 28
- Orangerieschloss 20
- Palais Barberini 27

- Park Babelsberg 30
- Potsdamer Schlössernacht 19
- Propsteikirche St. Peter und Paul 26
- Römische Bäder 24
- Schiffbauergasse 27
- Schloss Belvedere auf dem Pfingstberg 30
- Schloss Cecilienhof 30
- Schloss Sacrow 31
- Schloss Sanssouci 19
- Schloss und Park Charlottenhof 21
- St. Nikolaikirche 26
- Ticket Sanssouci+ 31
- Volkspark Potsdam 28
Prenzlau 68

R

Rambower Moor, Karstädt 47
Rathenow 38
Rheinsberg 52
Ribbeck 41
Ritter Christian-Friedrich von Kahlbutz 61

S

Saarow Therme 90
Scharmützelsee 90
Scheunenviertel, Kremmen 63
Schiffshebewerk Niederfinow 76
Schinkel, Karl Friedrich 58
Schlaubetal 97
Schloss Doberlug-Kirchhain 113
Schloss Lübben 115
Schloss Neuhardenberg 79
Schloss Oranienburg 62
Schloss Paretz 40
Schloss Rheinsberg mit Tucholskymuseum 52
Schorfheide 72
Seelower Höhen 95
Senftenberg 110
Senftenberger See 111
Sicherheit 131
Skulpturensammlung, Bernau 77
Skulpturenwanderweg, Dagowsee 60

Slawenburg Raddusch 106
Sorbische Bräuche 114
Sport 131
Sport- und Erholungspark Strausberg 81
Spreewald 114
Spreewälder Gurkentag 129
Spreewaldmuseum Lübbenau 115
Spremberg 110
Stadtführungen 133
Stadtkirche, Lindow 55
Stadtparks, Bad Wilsnack 48
Stadt- und Hauptkirche Gubin 108
Stadt- und Industriemuseum, Guben 108
Stadt- und Regionalmuseum, Perleberg 46
SteinTherme, Bad Belzig 122
St. Nikolaikirche, Bad Wilsnack 48
Storchendorf Rühstädt 49
Storkow 89
Storkower See 89
Strandbad Templin 69
Strausberg 80

T

Telefon und Internet 133
Teltow 123
Templin 69
Templiner Ring 70
Theater am Rand, Oderaue 80
Theater der Frische, Ribbeck 41
Tierpark Kunsterspring 60
Tour Brandenburg R1 73
Tropical Islands 115

U

Übernachten 42, 64, 82, 98, 116, 124
Uckermärkische Bühnen Schwedt 71
Unterkunft und Hotels 133
Unteruckersee 68

V

Vergünstigungen 134
Verkehrsmittel in der Region 134

Waleien 114
Welcome Card Berlin 20
Werbellinsee 74

Werder 33
Wildpark Schorfheide 72
Wittstock/Dosse 49
Wonnemar 112

Zampern 114
Zapust 114
Ziegeleipark Mildenberg 54
Zoll 135

Bildnachweis

Titel: Pension Spreewaldhof in Leipe
Foto: **mauritius images** (Chris Seba)
Rücktitel: links: **GlowImages**; rechts: **shutterstock.com** (Noppasin Wongchum)

Adobe Stock Photo: CeHa 4/5; photofranz56 10.2; pure-life-pictures 11.2, 14/15, 18/19, 34/35; Kzenon 13.1; Anilah 26; ArTo 32, 38, 58, 85.2, 91; Udo Kruse 36; kebox 45.1; Cornelia Pithart 45.2; babelsberger 46, 102/103; meseberg 54, 85.4; silbertaler 68, 135; ebenart 69; alphawoelfin1 72; lasphics 79; edan 85.3; LianeM 101.2; Clarini 101.3 – **Aquare Charter GmbH:** 43 – **John Barnett:** 11.3 – **baumundzeit.de:** 119.1 – **dpa Picture-Alliance:** 8/9 – **Erlebnisbahn.de GmbH:** 70 – **Erlebnispark Teichland:** 12.2, 107 – **Filmpark Babelsberg:** 17.2 – **Fotolia:** babelsberger 56/57; LianeM 120 – **Heimatverein Erkner:** 86 – **Huber Images:** Reinhard Schmid 7, 67.1, 101.1; Hans P. Szyszka 92/93 – **laif:** Jochen Ecke/sz-photo 5.2; Martin Kirchner 6.2, 60, 76, 129; Malte Jäger 9; Georg Knoll 80, 119.2 – **Lookphotos:** H. & D. Zielske 6.3 – **mauritius images:** Kate Hockenhull/Alamy 11.1; Lothar Steine/Alamy 17.3; Hans P. Szyszka/Novarc 49, 144; Julie Woodhouse/imageBROKER 108; United Archives 110; Reiner Elsen/Alamy 119.3 – **Museum Altranft – Werkstatt für ländliche Kultur:** Stefan Schick 13.2, 78 – **Museum Barberini:** 27 – **Museum Viadrina:** 85.1 – **Museum Wittstock:** 50 – **seasons.agency:** GourmetPictureGuide 98 – **shutterstock.com:** LaMiaFotografia 2; glenda 5.1; lcrms 12.1; Vladimir Wrangel 12.3; Anilah 26; Andrzej Rostek 28; D. Bond 29; Jerry Bouwmeester 67.2; Andre Helbig 74; AleksanderssonS 88; LianeM 106; spreewald.picture.de 114; Borisb17 136 – **Stiftung Fürst Pückler Museum Park und Schloss Branitz:** Hans-Bach, Potsdam 104 – **Stiftung Preußische Schlösser und Gärten (SPSG):** Daniel Lindner 10.1, 63; Leo Seidel 17.1, 53; Wolfgang Pfauder 20, 31; Hans Bach 21, 24 – **Theater am Rand:** Stefan Schick 13.3 – **Übernachten im Gurkenfass:** 117 – **Verladeturm Kulturhafen:** 83

Impressum

Herausgeber: GRÄFE UND UNZER VERLAG GmbH, Postfach 86 03 66, 81630 München
Leitender Redakteur: Benjamin Happel
Autorin: Bärbel Rechenbach
Verlagsredaktion: Katja Tegler (verantw.), Nora Köpp, Gernot Schnedlitz, Nadia Turszynski
Lektorat: Anne Köhler
Satz: Achim Matschiner und Angelika Wagener für Intermag Publishing GmbH, München
Bildredaktion: Barbara Schmid
Schlusskorrektur: Andrea Lazarovici
Reihengestaltung: Eva Stadler
Kartografie: Kunth Verlag GmbH & Co. KG, München
Herstellung: Mendy Willerich
Druck: Drukarnia Dimograf Sp z o.o. (Polen)

Ansprechpartner für den Anzeigenverkauf:
KV Kommunalverlag GmbH & Co. KG, MediaCenter München, Tel. 089/928 09 60

Ein Unternehmen der
GANSKE VERLAGSGRUPPE

ISBN 978-3-95689-406-0
1. Auflage 2018

© 2018 GRÄFE UND UNZER VERLAG GmbH, München
ADAC Reiseführer Markenlizenz der ADAC Verlag GmbH & Co. KG, München

Leserservice
adac@graefe-und-unzer.de
Tel. 00800/72 37 33 33 (gebührenfrei in D, A, CH)
Mo–Do 9–17 Uhr, Fr 9–16 Uhr

Bei Interesse an maßgeschneiderten B2B-Produkten:
gabriella.hoffmann@graefe-und-unzer.de

Unterwegs in Brandenburg

Touristische Linien in Potsdam

Vom Hauptbahnhof geht es alle 20 Min. direkt zum Schloss Charlottenhof mit der Charlottenhof-Linie (Bus 605 und 606). Der Bus X15/695 fährt zum Schloss Sanssouci und die Tram 92 nach Krongut Bornstedt. Wer zur Biosphäre Volkspark möchte, kann die Tram 96 nehmen. Zum Schloss Cecilienhof/Neuer Garten gelangt man mit dem Bus 603. Die Filmstadt ist mit dem Bus 616 und 694 zu erreichen. Die Tram 93 fährt zum Hans Otto Theater und zur Schiffbauergasse.

■ Details siehe S. 20

Barrierefrei für alle

Auf dem 230 km langen asphaltierten Flaeming-Skate können auch Mobilitätseingeschränkte sowie Familien mit Kinderwagen hürdenfrei zu den Sehenswürdigkeiten gelan-gen, z.B. in die barrierefreie Stadt Dahme.

■ Details siehe S. 128 und »Urlaub für Alle« auf www.dahme.de

Kombi-Fahrt

Während der 30-km-Familien-Fahrradtour »Pollo« durch die Prignitz kann man zwischendurch auf die Schmalspureisenbahn »Pollo« umsteigen. Von 1897–1971 beförderte sie v.a. Güter, jetzt Touristen und deren Fahrräder.

■ Details siehe S. 47

Kürzeste Verbindung

Die 690 m lange Elbebrücke Mühlberg verbindet die Stadt über die L 66 in Brandenburg mit der B 182 in Sachsen und ersetzt die einstige Fähre.

■ Details unter www.mil.branden burg.de